Power or Wisdom?
パワーか？／知恵か？

外交とは何か

Enigma of Diplomacy

山田文比古――著
YAMADA Fumihiko

法律文化社

はじめに

今日、新聞やメディアで外交について語られない日はない。わが国の外交政策はどうあるべきかとか、各国の外交関係はどうなっているのかなど、様々な議論や報道がなされているが、その奥で繰り広げられている外交という営みの内実については、あまり語られることはない。

外交の失敗は、最悪の場合、戦争になる。

そう言うと仰々しく聞こえるが、そこまで行かずとも、外交の成否は国益に大きな影響を及ぼす。そのため外交は、国民の大きな関心事であるし、それに応えて、新聞やメディアは、大見出しで外交政策を論じ、外交関係を報じる。

その割には、現実の国際社会における外交活動の実態が、一般にはあまり知られていないのは、外交に特有の秘密性によるところが大きいのかもしれない。実際、外交交渉は非公開で行われるし、外交官は任国の秘密を探ろうとする。その意味で、外交の内実が広く知られることは、外交活動の妨げになるという考え方もあるのだろう。

また、外交官という職業が、どこか雲の上の存在であるかのように思われているところにも原因があるのかもしれない。外務省という役所も敷居が高く、国民の身近に感じられることが少ない。

それやこれやで結局、外交とは何か、外交官や外務省は何をしているのか、という疑問は、大きなクエスチョンマーク付きのままというのが実状であろう。

本書は、そうした素朴な疑問に応え、外交活動の実態はもとより、外交の果たしている機能と役割から課題に至るまで、外交とは何かということを明らかにすることを目的としている。

そもそも、外交にはどういう意義があるのか。グローバリゼーションの進んだ現代国際社会において、主権国家の存在を前提とした外交は、どのような機能を果たしているのだろうか。

外交の舞台となる交渉や国際会議は、どのようなもので、誰が、どのようにして行っているのだろうか。

外交政策は、どのようなもので、誰が、どのようにして決めているのだろうか。

外交に内政はどのように関わっているのだろうか。

外交に不可欠な情報収集は、どのように行われているのだろうか。

外交と軍事との関係は、どうなっているのだろうか。

外交における文化の重要性は、どのように捉えられているのだろうか。

そして、外務省や外交官は、どういう仕組みの中で、どういう仕事をしているのだろうか。

これらの疑問に対し、本書では、国際関係論や国際政治学の理論を応用しながら、また、筆者自身の約三〇年に及ぶ外交官としての経験に基づいて得られた知見を適用しながら（そのため日本外交の事例を取り上げることが多い）、できるだけわかりやすく、コンパクトに解説することを目指す。それに際し、ソフトパワーやパブリック・ディプロマシーなどの比較的新しい概念や、最近の事例なども取り上げる。また、❀**外交アラカルト**というトピックコラムを設け、外交にまつわるエピソードやこぼれ話もいくつか紹介する。

外交の失敗を起こさせないようにするには、外交を一握りの政治家や外交官に任せっぱなしにするのではなく、広く国民が外交に関心を持ち、監視を怠らないことが肝要である。そのためには、外交に対する正しい知識と的確な問題意識を持つことが欠かせない。本書がその一助となれば幸いである。

目　次

第1章　外交の意義

「外交」とは何か。

一般には、国際社会におけるある主権国家と他の主権国家との公式な関係ないし交流、特にそれぞれの国家を対外的に代表する政府間における交渉や交際という意味で使われることが多い。「国際政治」とほぼ同義で使われることもある。

本書のはしがきにも書いたように、外交の失敗は、最悪の場合、戦争になる。また、「兵士も外交官も、結局のところは、同じことをやろうとしている。他人の心を変えるということだ」（クーパー〔二〇〇八〕）と言われる。両者の違いは、前者が武器を手段として使うのに対し、後者は交渉という手段を使うということだ。

この二つの言い方に共通しているのは、外交とは、国家間の対立や紛争を平和的な交渉によって解決しようとするもので、武力による決着を避けるところに眼目があるということだ。この意味での外交は、古代ギリシャの都市国家間の抗争の時代や、中国の春秋戦国時代、あるいは日本の戦国時代などにおいても、存在していたと言えよう。戦場における兵士や武士同士の戦いの一方で、武力衝突を避けるための交渉や調略、様々な駆け引きが舞台裏で繰り広げられていたことはよく知られている。

こうした、言わば原始的な外交が近代的な外交に発達したのは、西欧におけるウェストファリア体制の成立以降、すなわち近代的な主権国家が西欧において確立されてからのことだ。このような近代的な意味での外交について、よく知られている定義は、イギリスの外交官ハロルド・ニコルソンが紹介している、「外交とは、交渉による国際関係の処理であり、大公使によってこれらの関係が調整され処理される方法であり、外交官の職務あるいは技術である」（ニコルソン〔一九六八〕）という、オックスフォード英語辞典の定義だ。ここでは、国際関係の調整ないし処理のために専門的に関与するプロの外交官の役割が、近代以降の国際社会で重要になってきたことが示されている。

これと同じ趣旨を別の言葉で表現したのが、もう一人のイギリスの外交官アーネスト・サトウである。サトウによれば、「外交とは、独立国家の政府間の公式関係における、知性と技巧の応用である」とされる。ここでは、国家間の関係に携わる者には知性と技巧が求められるという意味で、外交に高度な専門性と政治性が必要であることが強調されている。

❖ 主権国家と国益

ところで、ここでいう「独立国家」は、国際社会において「主権」を持つとされる。その意味で、「主権国家」とも呼ばれる。主権国家とは、一定の領土に住む国民に対して、政府が実効性ある支配をしている国家のことであるが、国際社会では、主権とは、国家が外部の権力に従属しないこと、つまり独立権のことを意味する。

各主権国家は、国際社会において、自らの利益が最大限になることを追求することができ、実際にそのように行動する。逆に言えば、国際社会では、自分で進んで行動しなければ、その国家の望むことを必ずしも実現することはできない。

国内社会では、国民の利害関係を調整し、対立を裁定し、権利や利益を擁護してくれる法や制度、具体的に言えば、政府、行政機構、警察、裁判所など、上位の権力が存在する。しかし、国際社会には、国家の上に立つ上位の権力がない。つまり無政府状態にある。国際法や、国連に代表される国際機関・国際制度はあるが、限定的な権限しかなく、限界がある。したがって、主権国家間の利害関係が矛盾し、あるいは両立しなくなって対立や紛争が起きた場合、基本的には自力救済を原則として行動しなければならないのである。

そうした主権国家間の利害関係の中で、各国家が追求する利益、価値のことを「国益」という。国益とは、国家にとっての利益、国民全体の利益ということであるが、一般的には、自国の領土・政治的独立、国民の生命・財産を守ること、国民社会の安定など、安全保障上の利益であったり、自国の経済・産業の発展・繁栄、国民の生活を豊かにすることなど経済上の利益であったり、その他、自国の文化の発展、国際的地位の向上、信奉する理念・価値観の保持・普及などを意味することもある。

この中で、安全保障や領土に関するものはわかりやすい。例えば、北方領土を取り戻すことが、わが国にとって国益であるとする議論は、よく耳にする。これに対して、経済上の国益の定義は難しい。例えば、ＴＰＰ（環太平洋経済連携協定）をめぐる国内の議論において、自由貿易推進派の経済界などは、貿易立国のわが国にとって、自由貿易の推進こそ日本の国益と主張する。一方、コメ・牛肉などの農産品の市場開放に反対の農業団体などは、日本の農業が守られず国益を損なう、と主張する。自由貿易の推進と農業の保護のいずれが、国家にとっての利益、国民全体の利益となるのか。

このように国民全体の利益といっても、国民には様々な立場があり、利害関係を異にする場合も多い。ある外交政策が、国民の一部にとっては利益となるとしても、他の一部にとっては不利益となることもあるのである。そうした中で、少数ではなく多数の利益、短期的ではなく長期的な利益を図っていこうとしても、そのことに対して、少数者、短期的に不利益を被る者の理解を得ることは容易ではない。それは、非常に機微で困難な政治問題を国内に惹起する。

このように、何が国益かということについては、具体的な定義は、時として非常に難しい。しかも、国益という概念自体が、国家という枠組みを前提としたものであるため、後に触れるように、そうした枠組みを越える脱国家的な利益や価値観を捉えきれないという限界もある。

いずれにせよ、現代の国際社会において、どの国家も主権を持ち、国益を追求する。各国は国益をかけてしのぎを削るが、厄介なことに、基本的にお互いに従属しないもの同士なので関係がうまく行かず対立が生じた場合、下手をするとそれが紛争へと発展する。そうならないようにする、あるいは万一紛争になってしまった場合には、それを解決することが外交の仕事となる。つまり外交は、国際社会を安定させ、紛争を回避すること、国家間の紛争を処理し、円滑・友好的な関係・交流を維持することを第一義的な目的とする。お互いに従属しない主権国家同士が、うまく共存し、共栄する方途を探るというところに外交の意義があるのだ。

このように、外交は国家を主体として成り立つものであるが、実際には、国家を代表する政府が当事者として関与する。大統領、首相、外相などの政治家は責任者として、外務省の官僚は実務家として、それぞれ国家の外交を担う。狭い意味での外交官は、外務省の官僚、すなわち職業外交官のことを指すが、広い意味では、こうした政治家を含めて言うこともある。これらの政府の代表者が、それぞれの国家の名において発言し、行動し、交渉するのである。こうして表明される各国の立場は、個人のものとして取り上げられることもあるが、その国家の国名で表現されることもある。例えば、「アメリカは、TPP交渉において日本の要求を拒否した」などと表現される場合である。

❖ 主権国家体制とパワーポリティックス

以上のような近代的な外交関係は、「主権国家体制」と呼ばれる国際システムを前提としている。主権国家体制とは、主権国家を国際政治の唯一の基本単位、すなわち主体とする国際政治システムのことで、一七世紀初頭のヨーロッパで成立し、一八～一九世紀を通じて世界的に拡大した。

これらの主権国家同士の関係は、それぞれの国力、ないし「パワー」の差というものに大きく左右される。例えば、アメリカ合衆国は、世界の中でどの国よりも大きなパワーを持っていると言われる。それが意味することは、アメリカが国際政治や外交関係において、他の国に対し非常に大きな影響力を持っており、その国の政策や、さらには政治体制すら変えることができるということである。そのことは、二〇〇三年のイラク戦争でも如実に示された。

それが望ましいか否かは別として、国際社会では、「パワー」という概念が重要な要素になっている。パワーとは、国際政治においては二つのことを意味する。ひとつは「権力」という意味であり、もうひとつは「大国」という意味である。権力とは、ある国が他の国に対して影響力を行使して自ら望むような行動をさせる能力のことであり、こうした権力に基づく国家間の関係は、人と人の関係において見られるのと同様である。なお、大国という意味で使われることとの関連では、スーパーパワー（超大国）という言葉もある。

ここで言う権力としての「パワー」に着目し、国家間の政治関係がお互いの力関係で決まるという状況を「パワーポリティックス（権力政治）」と呼ぶ。パワーポリティックスとは、もっと厳密に言えば、主権国家同士が、自らの国益のため、軍事的・経済的・政治的手段を用いて影響力を行使し、お互いに牽制しあう国際関係の状態のことを言う。

パワーポリティックスは、かつて欧米列強（そして遅れて日本も）が世界で覇を競っていた時代に、力による世界の支配を正当化するために援用された「リアリズム（現実主義）」に基づく考え方であるが、国家間の関係を対立構造ではなく、お互いに協調可能な関係と捉える「リベラリズム（国際協調主義）」の考え方が出てきてからは、疑問も呈されるようになった。リアリズム自体の発想からしても、あからさまな力の行使や影響力の行使を行う国は、国際社会からの理解や支持を得られず、結局国益を守れないことがわかってきた。

しかし、パワーポリティックスという要素が今日の国際政治の現実から消え去ってしまったわけではなく、いまだに、陰に陽に国家間の関係に影響を及ぼしている。主権国家というものが存在し続けている以上、そしてその上位の権力というものが国際社会に存在しない以上、国家間の関係には、力関係が作用し続ける。そこで、むしろパワーの存在というものを肯定的に捉え直し、新たな意味を付与しようという試みも出てきている。それが、「ソフトパワー」という考え方（軍事力や経済力などの「ハードパワー」と対立する概念）であるが、このことについては、第**7**章で改めて触れる。

❖ ハイポリティックスとロウポリティックス

なお、国家同士で何らかの対立や意見の違いが生じる場合、外交関係の緊張が高まるが、その争点と対応者のレベルに着目すれば、大きく二つに分けて考えることができる。

ひとつは、「ハイポリティックス（high politics）」とされる安全保障などの政治的・軍事的な問題の解決のため、国家指導者が政治的責任をかけて自ら関与する高次元の政治、言わば政治的外交である。

もうひとつは、「ロウポリティックス（low politics）」とされる実務的に対処できる経済問題など一般的な国際問題の解決のため、実務家レベルで行われる低次元の政治、言わば実務的外交である。

わが国の問題として考えると、例えば北朝鮮にどう対応するかなどという問題はハイポリティックスに入り得るが、それではTPPなどの経済問題はロウポリティックス、つまり実務的に対処でき実務家レベルで行われる低次元の政治かというと、必ずしもそうとは言えない。実際、経済上の国益に大きく関わる問題であり、交渉の決着には、日本だけでなくアメリカなど関係各国も、国家指導者レベルでの政治決断が必要となるであろう。すなわち、高次元の政治が関わらなければ解決できない問題ということになる。

ハイポリティックスとロウポリティックスをどう定義するかにもよるが、対応者のレベルのみに着目して分けるということにすれば、もともと実務レベルでロウポリティックスとして扱われてきた案件が高度に政治問題化し、国家指導者自らが関与するハイポリティックスという次元に移行することはあり得ることである。その場合、ハイポリティックスかロウポリティックスかというのは争点の内容如何にかかわらず、どのレベルで対応すべきかという問題の相対的な重要性如何によって変わるということである。相対的な重要度は、国益に関する考え方や、その時の政治・社会状況によって変わるし、指導者自身の考え方によっても変わる。この意味でのハイポリティックスの対象となり得るのは、単なる安全保障や政治・軍事問題だけではなく、経済的な問題なども含め、広く国家の政治的安定や国民の経済的繁栄のために国家指導者自らがコミットしなければならないと考える分野にまで及ぶと言うことができる。

いずれにせよ（ハイポリティックスにせよ、ロウポリティックスにせよ）、国家間で対立や紛争が生じ、それをどう解決するかということになると交渉を行うことになるが、そうした交渉では、お互いの間の力関係がモノを言う。ただし、ここで言う「力」とは、必ずしも軍事力のことではなく（究極的にはそれも排除されないが）、政治的・経済的な手段による影響力の行使や牽制のことであり、その中には、交渉力や説得力なども含まれる。「外交力」と言い換えてもよい。

なぜそうなるかと言えば、すでに述べたとおり、国際社会には、国家の上に立つ上位の権力がないため、基本的に自力救済が原則だからである。自分のこと（自分の利益、国益）は自分で守るしかない。また相手国に、自分の利益や権利、自国の考え方や価値観を認めさせるためには、自らそれを強く主張し、交渉によって相手を説得しなければならない。そのための力を持っているかどうかが交渉の結果を左右する。また、交渉の結果を自国民が受け入れてくれるかどうかも、自国の力や相手国との力関係に対する自国民の認識（自信があるのか、諦めがつくのか）による。

こうした交渉の結果、5―5で折れ合うか、6―4か、7―3か、どこで妥協するかは、お互いの力関係次第ということになる。

❖ 新たな国際社会の担い手の登場

これまでに述べてきた主権国家体制において、外交とは、基本的には、国家と国家の関係、国家

❀外交アラカルト――理想の妥協？

力関係に基づく交渉の結果、お互いが納得する線は、せいぜい5―5で痛み分けというところであろう。しかし、5―5では、往々にして自国民の承認を得ることが難しい。やはり6―4程度で自国が有利というのでなければ、なかなか国民は納得しない。ただ、自国にとって6―4ということは、相手国にとっては4―6ということになるわけで、それでは相手国の国民が納得しない。ましてや、7―3などという線では、相手国の国内の反発を受け、反動が起きる可能性が高い。結局、後でひっくり返されるか、別のところでしっぺ返しが来て長続きしない。外交官の世界で言い伝えられている理想的な妥協は、6―4で勝って、かつ、相手にも6―4で勝ったと思わせるという芸当を成し遂げることであるが……。

間の政治のことであった。しかし、今日の国際社会の担い手は、国家だけではなくなっている。

現代の国際社会では、国家以外の主体、すなわち非国家主体として、国連を始めとする国際機関、EUのような超国家的な面を持つ地域統合機構、国際赤十字や世界自然保護基金（WWF）などのような非政府組織（NGO）、多国籍企業やアムネスティ・インターナショナル、グリーンピース、さらにはアルカイダのようなテロ組織など国境を越えて活躍する集団（脱国家主体）などが登場してきており、国際政治に影響力を持つようになっている。こうした非国家主体や脱国家主体の登場により、国際社会は一九世紀から二一世紀にかけて大きく変容を遂げてきた。

一七世紀にヨーロッパで生まれ、その後世界に広がった主権国家体制の下では、国際政治の基本単位・主体は主権国家であり、国家間の関係は、それぞれを代表する政府同士の関係として営まれてきた（図表1－1参照）。この段階では、まだ国民と国民との間の交流はあまり活発ではない。

一九世紀から二〇世紀へと時代が進み、国境を越えた貿易、投資、金融、さらに人の移動など国際間の交流がだんだん盛んになってくると、国民と国民の間の関係が強まってくる（図表1－2参照）が、依然として国家同士の関係は、基本的にお互いの政府を中心にして営まれる（⇕矢印で図示）。ここでは、政府はそれぞれの国内の利益（国益）を代弁して、相手国と交渉をすればいいということになる。

❖ 複合的相互依存関係

二〇世紀もさらに時代が進むと、国際連盟や国際連合などの国際機関、ECなどの地域統合機構

図表1－1　主権国家体制の単純モデル

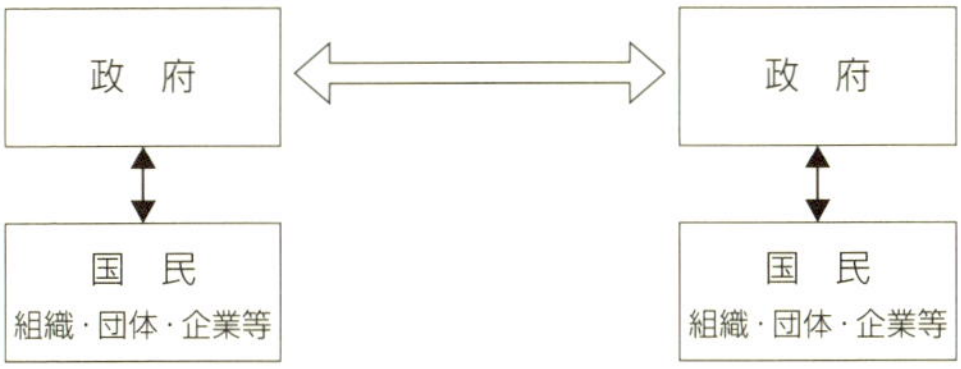

図表1－2　主権国家体制の複合モデル

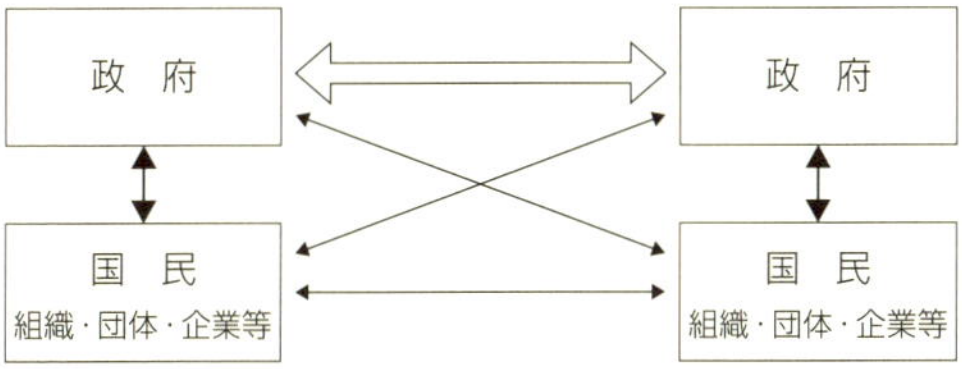

図表1－3　複合的相互依存関係

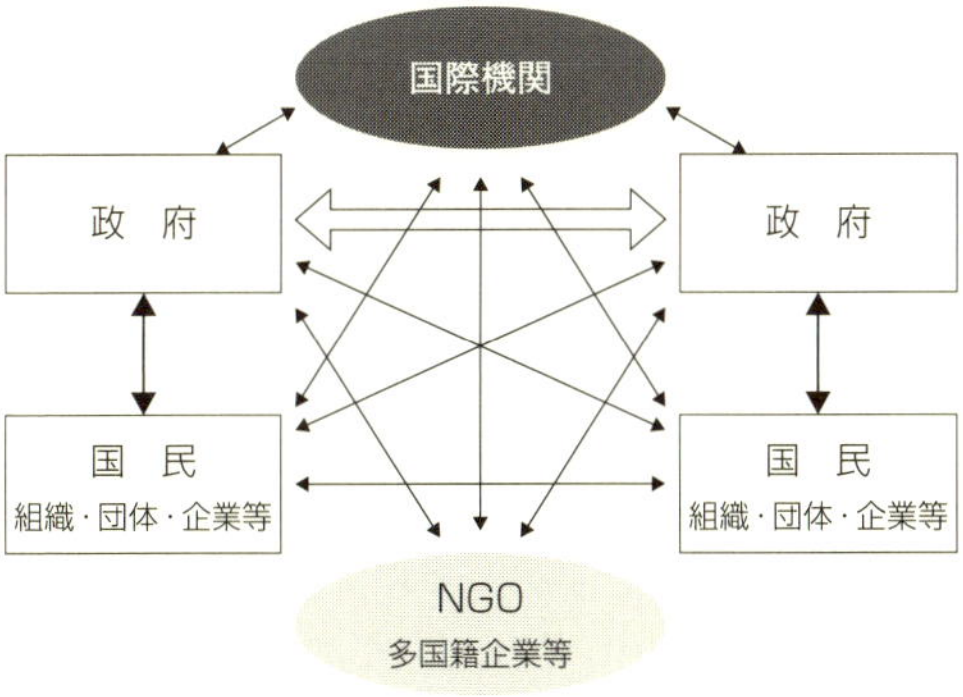

などが、国際政治の主体として重要な存在になってくる。さらに、近年のグローバリゼーションの進行により、その他の非国家主体や脱国家主体も加わり、国際関係は錯綜してくる（図表1－3参照）。

こうした新しい国際関係を、アメリカの国際政治学者ジョゼフ・ナイとロバート・コヘインは、「複合的相互依存関係」という言葉で表現した。世界は、主権国家を生んだ近代から脱却しつつあるという意味で、ポストモダンとも呼ばれる新しい時代に入ったとも言われる。

複合的相互依存関係とは、国際関係における結合の多元性、すなわち単なる国家の政府間の関係に加え、国際機関や多国籍企業、NGO、個人間のつながりなどが発達してきたことによって、国際政治上、多岐にわたる争点が生まれ、軍事力の有効性が相対的に低下している状態を言う。例えば、イギリス、フランス、ドイツなどEU諸国、アメリカ、カナダ、日本などの先進国と呼ばれる国々の間に成立している関係は、これに近い。

これらの先進国は、政治的に安定し、自由と民主主義が発達し定着している。市場経済の制度が確立し、経済的にも豊かである。これらの国々の間では、科学技術の進歩、鉄道・自動車や航空などの運輸手段の発達、電信電話・インターネットなどの通信手段の高度化に支えられ、国境を越えた貿易、投資、金融、さらに人の移動などが盛んで、市場の結びつきが強い。それぞれの国家の間の垣根は非常に低く、相互依存度がきわめて高い。これらの国々の国民の移動は基本的には自由であり、企業も国境を越えて自由に活動する。お互い各国に事業所や工場を設け、企業活動は多国籍化する。また、これらの国々で生まれたNGOなども、それぞれの域内を超え、世界大で活躍するようになり、今や国際社会のアクター、主体として重要な役割を果たしている。

これらの国々の間では、経済問題などで、対立や係争は起こるが、それが軍事的な対決へと発展する、すなわち戦争が起こることはほとんどあり得ない。例えば、歴史上何度も戦火を交えたフランスとドイツとの間に、今日戦争が起こることなどはほとんど考えられない。七〇数年前に酷い戦争を経験したアメリカと日本との間に、また戦争が起きると考えることも現実味がない。

その理由は、これらの国々の間の相互依存関係の複雑さにある。相互依存関係が進展したことによって、利益だけでなく被害も共有する。すなわち一方に被害が出れば、その被害が他方の被害に結びつく、いわば相互脆弱化が進展したので、軍事的対決は双方の共倒れをもたらす危険性がある。さらに、これらの国々のとっている自由主義的民主制の下では、国際紛争の解決のために武力行使をすることについて国民的コンセンサスを得ることがきわめて困難であること、また、政策決定の過程が透明で、権力分立によるチェックとバランスの機能が働くことから、「民主主義国同士は戦争しない」とする考え方（「民主的平和論」と呼ばれる）もある。

一方、これらの国々の間の複合的相互依存関係を反映して、それぞれの国の政府にとって、国益をどう捉えたらよいか、必ずしも判然としないことが増えてきている。

例えば、アメリカが日本車の輸入に高関税をかければ、日本の自動車輸出メーカーには痛手だが、アメリカに工場進出して、現地生産しているトヨタなどにとっては、あまり関係がない。トヨタにしてみれば、アメリカ市場での販売を含め、世界におけるトヨタ・グループ全体として収益を上げられれば、日米間の貿易での関税の問題はあまり重要ではないということになる。このように、利

❀外交アラカルト――国際政治に関する三つの見方

外交は、国家の存在を前提とし、国家を基本単位として、国家間の関係を中心に営まれるものであるから、国家（ないしそれを構成する国民）の利益、すなわち国益を擁護し増進することが、外交の基軸に据えられる。

このように個々の国家同士の相互作用を国際政治の本質だと考える見方をリアリズム（現実主義）という。この見方によれば、国際政治の主たるアクターである国家は、無政府的な国際社会においてパワーと国益を追求し、国家の存亡に関わる安全保障が国際政治の最も重要な課題となる。

これに対して、言わば地球社会として、国家以外のアクターが国家とともに機能しており、国境を越えた貿易や人々の交流が繰り広げられるなかで、国際法や国際機関などの国際制度を発展させながら、国家間の協調が可能であるとする、リベラリズム（国際協調主義）の見方も有力である。

もう一つだけ挙げるとすれば、比較的最近注目されるようになった見方として、コンストラクティビズム（構成主義）がある。この見方によれば、国家や主権、パワーなどの国際政治上の規範や観念は、人々の意識の相互作用の結果として社会的に構成される性質を持っており、国際関係においても、国家は相互作用を通じて社会化され得る。つまり、国家も、国際社会で共有される価値観を学ぶなかで、適切な行動をとるようになると考えられる。

これらの見方は、いずれも一面の真理を持っており、その意味ですべて説得力がある。しかし、いずれも世界を見るうえでの抽象的なモデルにすぎず、どれか一つで現実の世界のすべてを説明できるわけではない。それぞれの局面やその時々の状況に応じて適用可能で、相互に補完的な理論として捉えた方がいい。

害当事者が国境をまたいで存在する場合、国境を前提にした政策は、単純に自国の利害当事者を利するとか、相手国の利害当事者を利するとは言えなくなっているのである。

こういう関係における外交の役割は複雑である。これまでのように、国内の利益を代弁して、相手国とだけ交渉をすればよかった時代は終わり、新しく登場してきた国際政治の主体（国際機関だけでなく多国籍企業やNGOなども含めた脱国家主体も含め）との関係も重要になってくるし、相手国国民との関係も考えなければならなくなる。そして、相手国国民への働きかけ、対市民外交を行うことが外交の重要な要素となってくる。この点については、「パブリック・ディプロマシー」について論じる第7章で改めて述べる。

❖ 主権国家体制の相対化

このように、近代的な外交の前提であった主権国家体制が、二〇世紀から二一世紀にかけて大きく変容を遂げたことによって、今や世界は、主権国家を国際政治の唯一の基本単位、すなわち主体とする国際政治システムから脱却し、新しい時代に移ったと言える。そのポイントは、主権国家というものがかつてのように絶対的なものではなくなり、他の主体と並存する相対的なものに変わってきているということである。主権国家体制の相対化と言っていいかもしれない。

しかし、それは、政治的に安定し経済的にも豊かな先進国同士の関係の話である。まだまだ世界の一部の話にすぎない。他のほとんどの国々に関する限り、国際関係は基本的にそれ以前の段階にとどまっている。相互依存の状況はある程度は出てきているが、まだ先進国間ほどではない。したがって、主権国家の存在を前提とする従来の国際政治パターン、すなわち政府間の関係を中心とする外交関係が、依然として基本となっている。

なぜかと言えば、これらの国々では、国家はきわめて重要な主体であり続けているからである。

❀外交アラカルト――外交の類型

各国の外交には、それぞれの歴史的、地政学的、政治的な理由に起因する特徴が見られる。フランスの国際政治学者シャリヨンによれば、次の三つの類型があるという（Charillon〔2002〕）。

①「放射型外交」

政治的、経済的、文化的な影響力を、自国の領土の外に積極的に及ぼそうとする。威信や栄光、偉大さやパワーなどといった概念が重要視される。世界大のヴィジョンを持ち、狭い地域の利害のみには捉われない。また、世界におけるプレゼンスを確保することが優れて国益に適うと確信している。

典型例は、アメリカとフランス。イギリスも、往々にしてアメリカに同調する傾向はあるものの、歴史的に見ればアメリカやフランスと同じ外向性を持っていることから、この「放射型外交」に分類される。かつてのソ連をこれに含めて考えることができる。

②「保護型外交」

世界におけるプレゼンスを広げようとするよりは、外部からの侵攻や介入から自らを守ろうとするもので、安全保障や領土保全といった概念が中心となる。自国を聖域化し、その一体性を確保ないし回復することが至上命令とされる。

台湾やチベット問題を抱える中国、カシミール問題に揺れるインド、冷戦後周辺の衛星国を失いNATOと直接踵《きびす》を接することとなったロシアなどがこれに該当する。いずれも、歴史上外国からの侵略か植民地支配を経験していることから、外国勢力の介入に敏感にならざるを得ず、その外交も防御的、内向的である。

③「妥協型外交」

過去の経験が桎梏となり、世界との関係において何らかの思い切ったことをしようとするときに、国内のコンセンサス形成に困難が生じる。世界や地域における優越や覇権を求めることを避け、穏健で国際協調的な姿勢を保ちながら、国益の増進や繁栄を図っていこうというところに特徴がある。

周辺国への侵略という暗い過去からの決別が至上命令となっていた戦後のドイツと日本がこれに該当する。

多くの国々において、植民地からの解放を目指し、ナショナリズム勢力が結集して国家が誕生した。これらの国々では、民族としての独立は国家の強化と同義であった。国家強化のため往々にして権威主義的な政治体制が敷かれているが、民主化が進んでいる場合でも、経済の発展のため強い国家の存在が必要とされる。先進国と異なり、民間セクターの発展が遅れているため、政府主導で、産業の育成や社会の開発を進めなければならないからである。

こうした理由から、これらの多くの国々において国家の存在は堅固であり、それに伴い、これらの国々同士の間の国際関係も、主権国家を軸とする相互作用が中心とならざるを得ないのである。またこれらの国々と、先ほどの先進諸国グループに属する国との関係も、一方が国家中心の体制である限り、同じように主権国家の存在を前提とした相互作用が基本とならざるを得ない。

したがって、主権国家体制の相対化が進んできたとはいっても、依然として、国際政治は主権国家間の関係を中軸として回っている。その中で、外交は複合的相互依存関係の進展という新しいボーダーレスの時代に応じた機能変化を余儀なくされている。それに適応しながら、世界の諸国家が平和的に共存・共栄できるようにするところに、今日の外交の意義がある。

▼参考文献　より深く知りたい人のために

細谷雄一『外交――多文明時代の対話と交渉』有斐閣〔二〇〇七年〕
ジョセフ・S・ナイ・ジュニア／田中明彦・村田晃嗣（訳）『国際紛争――理論と歴史』有斐閣〔二〇〇九年〕
田中明彦『新しい「中世」――21世紀の世界システム』日本経済新聞社〔一九九六年〕
藤原帰一『国際政治』放送大学教育振興会〔二〇〇七年〕

中西寛・石田淳・田所昌幸『国際政治学』有斐閣〔二〇一四年〕

▽引用文献

ロバート・クーパー／北沢格（訳）『国家の崩壊』日本経済新聞出版社〔二〇〇八年〕

H・ニコルソン／斎藤眞・深谷満雄（訳）『外交』東京大学出版会（ＵＰ選書）〔一九六八年〕

Frédéric Charillon, 《Peut-il encore y avoir une politique étrangère de la France ?》, *Politique étrangère* 4/2002, IFRI〔2002〕

第2章　外交交渉と国際会議

世界の国々が平和的に共存・共栄できるようにするために、国際社会では様々な外交交渉や国際会議が行われている。

グローバリゼーションが進行する今日、国家間の関係はますます複雑になり、各国間で利害や意見の対立する、または一致しない問題は、数知れない。そうした懸案について、紛争を避け、お互いに妥協できる合意を見出すため、そして紛争へと発展したものについては平和的・友好的な解決を目指すため、当事国同士で、あるいは関係国の間で交渉が行われ、協議が行われる。

そうした外交交渉や国際会議に国家を代表して参加するのは、大統領や首相、外相などの政治指導者、および実務家としての職業外交官などである。そのうち誰が国家を代表して交渉や会議に参加するかは、その懸案の重要性や専門性に応じて異なる。前章で紹介したハイポリティックスの場合には大統領や首相などが自ら参加するし、ロウポリティックスの場合には外交官が参加する。中間的なものについてはケースバイケースである。ハイポリティックスの段階にまで至る懸案はそれほど多い訳ではないが、実務レベルで処理されるロウポリティックス段階の懸案は非常に多い。

これらの外交交渉や国際会議は、二国間や多国間で定期的に開かれる場合もあれば、懸案が生じた場合、その都度必要に応じて開かれる場合もある。一方の国の大統領や首相などが相手国を親善訪問する際には、両国の首脳の間で協議の場が持たれるのが通例である。また、多国間で行われる国際会議の場を利用して、二国間での協議の場が持たれることもある。もちろん、外相などが交渉を目的として相手国を訪問して、相手国の外相などと協議を行うこともある。関係が緊密な国同士では、一年に一回ないし二回などの頻度で定期的に大統領や首相級の首脳会談や外相会談などが行われる場合もある。こうした様々なケースに応じて、開催場所も自国であったり相手国であったり第三国であったりする。政治的な理由で自国でも相手国でも開催できない場合、あえて第三国で開催する場合もある。日本と北朝鮮との交渉を北京やジュネーブで行ったりするのは、その一例である。

外交実務の世界では、二国間での交渉や協議をバイ（バイラテラルの略）、多国間での交渉や協議をマルチ（マルチラテラルの略）と呼ぶ。バイの交渉や協議では両国の代表団がテーブルを挟んで向かい合わせになることが多いが、少人数で行われる場合にはソファに座って行われることもある。マルチの交渉や協議は、全代表団が円卓を囲んで行われることもあるし、演壇および議長席と参加者席が向き合う議会形式で行われることもある。

❖ 交渉の意味

こうした外交交渉や国際会議において行われている交渉や協議は、純粋な意味での交渉ばかりではない。純粋な意味での外交交渉とは、二国間で利害や意見の対立ないし不一致があって外交問題になっている場合、それを両国が納得できる形で解決する、すなわちお互いに妥協できる合意を見出すことを目指して行われる交渉のことである。例えば、北方領土問題をめぐって永年日本と旧ソ連、現ロシアとの間で断続的に行われているのは、この意味での交渉である。多国間（マルチ）でもこの意味での交渉が行われる。前出のＴＰＰ交渉や、北朝鮮の核問題などをめぐる関係六か国会議（六者協議）などがその例である。

一方、すべての交渉が、利害や意見の対立があるために行われているわけではない。そうした、言わばゼロサム的な状況下で行われる交渉ばかりでなく、外交政策の基本的な方向性を同じくする国同士で、具体的な政策や方針をすり合わせて協力を進めよう、あるいは自国の進める方向に他国も協力してもらおうという趣旨で、具体的な協力の内容や進め方について交渉するという場合も多い。言わば政策協調的な交渉である。例えば、アフリカへの援助政策で協調するために行われる援助国会議という交渉もあれば、地球環境問題で立場を同じくする先進国同士で協調して対処する道を探ろうとして開かれる二国間会議や多国間会議という交渉もある。北朝鮮の非核化のために日米韓で協力をしようという趣旨で行われる交渉も同様である。協調がうまくいく場合は、お互いの方針の確認ないしすり合わせのための協議という面が強まるが、逆になかなか協調がうまくいかないという場合には、協力の内容や進め方をめぐる駆け引き、すなわち交渉という面が強まる。

なお、こうした交渉や協議の場においては、両国間あるいは関係国間で、お互いに関心のある国際情勢や第三国との関係などについての意見交換や情報交換が行われることも多い。例えば、Ａ国とＢ国の間の首脳会談や外相会談の場で、両国が関心をもつ国際問題やマルチの会議について意見交換したり、A国が深い関係を持っているX地域の情勢について情報提供し、代わりにB国が深い関係を持っているY地域の情勢について情報提供するなどの情報交換を行ったりする。

このように、交渉や協議において何がどのように話し合われるかはケースバイケースで、お互いの関係の緊密度や友好度、あるいは逆に対立の度合いによるところが大きい。その時々の政治経済情勢にもよるが、一般に関係が緊密で友好的な国同士では、政策協調的な交渉・協議や意見交換・情報交換という面が強いが、対立する関係にある国同士の場合には、どうしてもその懸案についての交渉という面が強くなり、意見交換や情報交換などはあまり行われない。

これを、実際にあった例で見てみよう。

二〇一四年四月、アメリカのオバマ大統領が国賓として日本を公式訪問した。その際、安倍首相とオバマ大統領との首脳会談が行われ、二国間関係に関する問題や日米両国が関心を有する国際情勢など、幅広い問題について両首脳間で交渉・協議が行われた。日本外務省の公表したところによれば、日米首脳会談では次のようなテーマが議題となり、安倍首相とオバマ大統領がそれぞれ両国の立場や見解を主張した。

1．日米関係
（1）総論（東日本大震災、トモダチ作戦、日米両国の同盟関係、米国のリバランス政策、安倍政権の「積極的平和主義」、「平和で繁栄するアジア太平洋を確実にするための日米同盟の主導的役割」など）

（2）安全保障（防衛装備移転三原則、集団的自衛権への取組み、ガイドライン見直し、米軍再編、普天間飛行場移設、日米地位協定の環境補足協定、沖縄の負担軽減など）
（3）経済（TPP、エネルギー・気候変動、超電導リニア（マグレブ）、医療・保健協力など）
（4）人的交流
2．ウクライナ情勢
3．アジア太平洋地域情勢
（1）総論（アジア太平洋地域全体に関する認識、日米同盟の強化、米国のリバランス政策の継続など）
（2）北朝鮮（北朝鮮の核開発、拉致問題、国連人権理事会の北朝鮮人権状況決議など）
（3）日韓関係（日米韓首脳会談、未来志向の協力関係の構築など）
（4）中国（「戦略的互恵関係」、尖閣諸島への日米安保条約第五条の適用、日米間の緊密な意見交換と連携、南シナ海問題など）
4．その他の地域情勢、グローバルな課題
（1）日米韓、日米豪、日米印の三カ国協力
（2）中東地域（イラン核問題、シリア情勢、中東和平支援など）
（3）女性のエンパワーメント、核セキュリティ、軍縮・不拡散等のグローバルな課題など

〔出典〕外務省ホームページ

この中で、事前に日本とアメリカの利害や意見が一致していなかったという意味で純粋な交渉の対象として取り上げられたのは、TPP交渉におけるお互いのセンシティブ品目の扱いの問題くらいで、あとは尖閣諸島に日米安保条約第五条を適用することをアメリカ大統領が明言するかという

問題を含め、ほとんどが政策協調的な交渉・協議の対象として、あるいは意見交換・情報交換の対象として取り上げられたものであった。同盟関係にある日米関係の緊密ぶりが窺われるが、日米関係に限らず、一般的に緊密で友好的な関係にある国同士の関係においては、政策協調的な交渉・協議と意見交換・情報交換が議題の太宗を占めることが多い。

一方、これと対照的なのが、北方領土問題が解決していないために平和条約すら締結されていないロシアとの首脳会談である。同じ年の二月に、ソチ・オリンピック出席のためロシア・ソチを訪問した安倍首相が、プーチン大統領との間で行った日露首脳会談では、日本外務省の公表したところによれば、次のようなテーマが議題となり、両首脳がそれぞれの立場や見解を主張した。

1. 日露関係
（1）政治対話（G8サミット、プーチン大統領の訪日など）
（2）日露経済（両国間の貿易、個別案件、極東開発、医療・省エネ・都市環境・運輸・中小企業等での日露協力、エネルギー関連プロジェクト、茂木経済産業大臣の訪露、日露投資フォーラム、貿易経済日露政府間委員会、農業・鉄道・インフラ等の分野での具体的プロジェクトなど）
（3）平和条約締結問題
（4）人的交流（日露武道交流年、両国間の留学生数の増大、日露の大学間交流プログラムの構築支援など）
（5）安全保障（テロ・海賊対処の共同訓練、日本の「積極的平和主義」など）
2. 国際場裡における協力（アフガニスタンの薬物対策に関する日露共同プロジェクト、中央アジアにお

ける国境管理や薬物対策等における日露協力など）

〔出典〕外務省ホームページ

この場合は、日米首脳会談の場合と異なり、第三国や国際情勢に関する意見交換や情報交換という要素はまったくなく、二国間の関係に関わる問題がほとんどを占めている。その中には政策協調的な交渉・協議という面がなきにしもあらずだが、二国間で大きく利害・意見の対立がある北方領土問題（ここでは「平和条約締結問題」という形で取り上げられている）が影を落とし、協力案件についても、一定の制約がかかっていることが窺われる。会談の詳細は明らかにされていないが、北方領土問題をめぐり相当突っ込んだ交渉が長時間にわたって行われたものと推測される。

❖ 外交のウラとオモテ

こうした首脳会談や外相会談など、政治レベルで行われる交渉において、外交の実務家である外交官にはまったく出番はないのであろうか。そうではない。代表として交渉の前面に立つのは、それぞれの大統領・首相・外相などであるが、交渉の場に陪席して補佐をしたり、交渉の事前準備や相手国側との事前折衝を行ったり、交渉の場で主張する内容や方針を予め決めるにあたって原案を作ったりするのが実務家の役割である。政治家の場合は、重要な問題について自ら判断し、政策を決定し、責任者として交渉に臨まなければならないが、常にすべての問題について精通しているわけではないし、交渉の内容や進捗状況に通じているわけでもない。そこで、それぞれの問題を専門とする実務家による助言や補佐を必要とするのである。

また、国家間の交渉は、常に政治レベル、すなわち首脳レベルや外相レベルなどで行われているわけではない。実務家たる外交官のレベル、すなわち事務レベルで行われる交渉も数多い。技術的・専門的な問題など、ロウポリティックスとして処理できる外交問題は、各国の外交官や専門家による交渉や会議で済み、よほどのことがない限り、政治レベルでの対応を要するまでには至らない。この種の二国間交渉や、多国間会議の例は、枚挙に暇がないほど数多い。このほか、政治レベルでの交渉の前段階として、事前交渉を実務家たる外交官のレベルで行い地ならしをするという場合もある。これらの事務レベルでの交渉には、実務家たる外交官自身が主役になって参加する。交渉の重要度に応じて、大使レベル、次官レベル、局長レベルなど様々なレベルで行われる。政治レベルでの交渉と異なり、ほとんど注目されることはなく、報道されることも少ない。

なお、大使館レベルでも、日常的に広い意味での交渉が行われている。大使館は、本国政府からの指示（訓令という）を受け、相手国政府関係機関との間で交渉を行ったり、政策協調のため要請や申し入れを行ったり、意見交換・情報交換を行ったりしている。これについては二通りあって、自国にある他国の大使館をチャネルとする場合と、他国にある自国の大使館をチャネルとする場合がある。大使館はこうして、自ら交渉を行うこともあれば、本国からの代表団による交渉の準備や地ならしを行うこともある。

❖ 交渉の準備と舞台裏

交渉や会議の前には、よほどの緊急の場合でなければ、当然準備が行われる。本交渉の前に事前

❀外交アラカルト――通訳

政治家レベルでの交渉や会議では、通訳が付けられることが多い。

マルチの国際会議の場合は、同時通訳で行われることがほとんどなので、同時通訳の能力のあるプロの通訳、すなわち職業通訳に委託することが多い。参加国の多い会議の場合、訳さなければいけない言語の数も多くなるが、すべての言語をすべての言語に直接訳すようにすると、相当な数の通訳者が必要になり錯綜するので、通常は英語を媒介語として、各国語から英語、英語から各国語に訳すという、二段階方式で通訳が行われる。しかも、それを同時通訳で行わなければならないため、通訳者にはかなりの熟練が必要とされる。

一方、バイの会談の場合は、お互いの母国語同士で、直接やりとりができる。この場合の通訳者としては、職業通訳に委託する国もあるが、外務省内に専属の通訳官を置いている国もある。日本の外務省の場合は、主に若手の外交官の中から特に言語能力が優秀な者を通訳官に指名し、外相や首相、皇族などの通訳として起用している。この通訳官は、通訳に専念する専属の通訳官ではなく、通常は外交官として本来の担当職務の仕事をしていて、必要に応じアドホックに起用される。

このように外交官が通訳を務めるというのは日本に特有の伝統であるが、会談内容に正確を期すことができるという効能のほか、会談内容の秘密保持や事後の記録作成などの面でも有用である。また、若手外交官の語学力を鍛えるという効果もある。

なお、バイの会談の場合は同時通訳ではなく、逐次通訳で行うことが多い。その場合のデメリットは会談の時間が二倍かかるということであるが、逆に、会談の当事者にとっては、通訳が入ることで、その間じっくり考えたり、相手の反応を窺ったりする余裕が出るというメリットもある。

交渉が行われる場合もある。準備の段階では、両国間あるいは関係国間で、交渉の日程や議題、出席者のレベルなどの調整が行われるが、それがどのようなものになるかは、交渉の意義や趣旨とも関わってくるので、交渉そのものと同じくらい重要であることもある。

バイの交渉の場合は、交渉の行われる国の政府がホストとして、そうした基本的な準備事項について、ゲストである相手国側に原案を提示し、それをベースに両国間で調整をするという手順が通常である。その場合、ホスト国に駐在するゲスト国の大使館が調整の窓口となる。マルチの会議の場合は、会議の行われる国の政府または関係する国際機関の事務局がホストとして、参加国の大使館（または政府代表部）と調整を行う。こうした調整を経て、さらに詳しいスケジュールや会場設営その他の手続き事項が調整され、交渉・会議の段取りが具体的に決められていく。

そうした一連の事前の折衝の過程で、交渉の到達点、すなわち交渉の結果得られる合意点、妥協点が奈辺にあるか、相手側はどこまで譲歩できるかなどという、言わばお互いの腹の探り合いが水面下で行われる。交渉の落とし所を探ること、マルチの会議の場合は関係国の間の根回しをすること（ロビーイング）などは、大使館（または政府代表部）の重要な役割の一つである。そういう意味で、交渉はすでに準備の段階から始まっているとも言える。

各国の内部でも当然、交渉や会議に向けた国内準備が行われる。特に、交渉や会議に臨むにあたっての対処方針が重要である。日本の場合、政府として統一した方針で臨むため、外務省を中心として関係省庁間で調整が行われ、それが交渉・会議の場での発言要領・応答要領という形でまとめられる。大使館などを通じて得られた相手国の情報や、それまでの交渉の経緯、国内利害関係者の立場、政権としての基本方針、国民世論の動向など、様々な要因を踏まえて、対処方針が策定されるのである（こうした政策決定の仕組みについては、第**3**章と第**4**章で詳しく取り上げる）。

こうした準備を経て交渉が実際に始まるのであるが、交渉は表舞台だけで行われているわけではない。実際、交渉の舞台裏では、代表団の間で非公式協議が行われたり、駆け引きが繰り広げられたりする。例えば、前出の安倍首相とオバマ大統領との公式首脳会談の舞台裏では、TPP交渉をめぐって両国の経済外交の閣僚や実務家同士で公式・非公式な協議が断続的に行われた。その他の経済問題や安全保障問題などの議題についても首脳会談における総論的な議論を受け、大統領に同行してきた代表団と日本政府の関係者の間で、首脳間の合意を具体化する詰めの協議が行われた。その成果として、最終日に日米共同声明が公表された。

このように、バイの交渉においては、政治家レベルの交渉・協議と実務家レベルの交渉・協議が並行して行われ、合意事項の細目を詰める作業、合意文書や共同声明文案の調整などが行われることが多い。マルチの会議の場合も基本的には同じであるが、会議場での公式のセッションの合間に、廊下や別室での非公式協議、立場を同じくする国同士のすり合わせなど、様々なやり取りや駆け引きが活発に繰り広げられる。このため、交渉の行われている会場の裏にある控え室や廊下などには、そうした裏方として代表団をサポートする外交官、政府関係者などが控えて待機している。

また、それぞれの代表団の主要メンバー同士で、公式会議に引き続きワーキングランチやワーキングディナーを行い、交渉や協議を続けるということも珍しくない。そうした会食の機会は、くつろいでパーソナルな雰囲気の下で話ができるので、心理的にお互いの距離が近くなり、合意や妥協

❀外交アラカルト——会議は踊る

ナポレオン戦争の戦後処理を話し合うために開かれたウィーン会議（一八一四〜一五年）は、晩餐会や舞踏会に明け暮れ、会議自体は一向に進捗しなかったため、「会議は踊る、されど進まず」と揶揄された。当時は、通信手段が今日のように発達していなかったことから、在ウィーンの各国代表団と本国政府との連絡・調整に時間を要したため、どうしても会議の進行が滞らざるを得なかったのであろう。だから、その間の暇つぶしというと聞こえは悪いが、各国の代表の間で、華やかな晩餐会や舞踏会が毎夜毎夜繰り広げられたのだという。

それほど大時代なものではなくなったが、今日においても、外交交渉や国際会議には社交的・儀礼的な行事が付随して行われることが多い。例えば、大統領や首相などが外国を訪問する際には、歓迎式典や公式晩餐会などが催されるし、G8サミットなどでは文化行事や市民交流行事などが実施される。こうした社交的・儀礼的な行事は、相手国への敬意や友好を象徴化して示すという政治的意味があり、また、ややもすれば刺々しくなる交渉の雰囲気を和らげるという効能もある。一方、訪問した側にとっては、相手国国民との触れ合いや交流によって、自国の好感度を高め、友好な国民感情を醸成するということも期待できる。

がしやすくなるという効果もある。

こうした代表団のメンバー同士、特にトップ同士の人間関係は、交渉の成否に大きく影響する。両者ともそれぞれの国益がかかっているので容易には妥協できないが、かといって交渉が決裂しては元も子もない。自国の主張を貫きながら、相手国の立場も尊重することを、お互いに認め合いながら、妥結の道を探っていく上において、交渉のトップ同士の信頼関係、個人としての人間関係はきわめて重要である。

❖ 交渉後

交渉が終了した後には、交渉結果が公表されることが通例である。相手国との関係や、交渉途中の虚々実々の駆け引きなど機微な部分もあったりして、必ずしもすべてが詳しく公表されるとは限らないが、民主主義国家同士では、主権者たる国民の権利義務や国益に関わる外交交渉の結果は、それぞれの国民や国際社会に公表されることが原則となっている。それは、交渉の結果について国内の関係者や国民が納得し支持してくれなければ、せっかく合意・妥協したことが実施できず、交渉のやり直しをしなければならなくなるからでもある。その意味で、この交渉結果の公表は重要である。

そのため、合意文書や共同声明文が公表されるほか、交渉結果の概要をまとめたプレスリリースが公表されたり、それぞれの外務省などのホームページに掲載されたりする。国民の関心の高い重要な交渉や会議の場合には、交渉の代表者（大統領・首相など）による記者会見や事務レベルによる記者ブリーフなどが行われ、交渉結果についての説明が行われる。代表者による記者会見は、両国の共同記者会見として行われることもある。

これに加え、国内の利害関係者や政界・経済界などの関係者には、必要に応じ専門的な内容を周知するための説明が行われる。こうした説明は、それぞれの関係者との接触の窓口となっている政府機関の担当者が対応する。その元締めの情報として、交渉・会議の詳しい結果と経緯などをまとめた記録が外務省の担当部局によって作成され、必要に応じ政府指導者や関係省庁の間で共有される。

❖ サブとロジ

交渉や会議の最も重要な要素は、もちろんその内容、すなわち何を話し合うかという実質的な部分であるが、それとともに意外と重要なのが、交渉や会議をどのように運営・実施するかという手続き的な部分である。外交の世界の隠語では、前者を「サブ」（サブスタンスの略）、後者を「ロジ」（ロジスティクスの略）と呼ぶ。

ロジというのは、例えば、日程やスケジュールの調整、会議方式の調整、会議参加者のレベルや人数の調整、記者会見など内外のプレス対策、関連行事や社交・儀礼行事の企画・実施などから、会議場の設営、宿舎の手配、空路・陸路を含めた移動・輸送手段の確保、通信連絡体制の確保、交渉中の秘密保持体制の確保、警備体制の確保、現場担当者の人員配置、食事の手配に至るまで、要するに、交渉や会議を実際に実施するにあたって必要なすべての物理的な準備事項のことである。これらのロジのうち主に前半に掲げたものは、交渉や会議の中味、すなわちサブとも連動してくるので、特に重要である。

こうしたロジの準備では、ホスト側かゲスト側かに応じて自ずから役割分担があり、準備の重点の置き所が異なる。ホスト側とゲスト側の調整は、現地に駐在する大使館が窓口となって行われるのが通例である。

交渉や会議は、サブとロジの両方があって初めて完結する。ロジがうまくできなければ、交渉や会議そのものも円滑に進まないからである。特に、実務家としての外交官にとっては、サブができるだけでは不十分で、ロジもしっかりできて一人前の外交官とみなされる。

▽引用文献

寺西千代子（外務省儀典官室協力）『国際儀礼の基礎知識』全国官報販売協同組合〔二〇一四年〕

❀外交アラカルト――プロトコール

ロジのアレンジをするにあたり、担当者が最も気を使うのは、「プロトコール」と呼ばれる国際儀礼のルールである。交渉や会議に出席する人たちは、それぞれの国家や政府を代表する高位高官であり、その地位に応じた接遇をしなければ、その国家そのものに対する敬意を欠くとみなされ、外交問題に発展する恐れもある。そこまで行かなくても、代表団間の友好的な雰囲気を妨げ、交渉や会議の進行にも影響を及ぼしかねない。そのため、一見どうでもよいような些細なことにまで、担当者は細かい気配りをする。

例えば、会議場のテーブルでの席次や、公式写真撮影などの際の立ち位置がそうである。真横に一列に並ぶ場合、G8サミットなどでは、その年の議長国の大統領または首相が中心を占め、そこから段々外側に向かって右左交互に、まず大統領が就任順に、次に首相が同じく就任順に、そして最後にEUの代表が並ぶのが通例である（ただし議長国によって異なる場合もある）。国連のように、演壇および議長席と参加者席が向き合う議会形式の場合は、英語での国名のアルファベット順を基本として、議場における座席が決められることが多い。

二人が横に並ぶときの基本は右上位が原則で、これはキリスト教社会の伝統に基づくと言われている。三人以上のときも右が最上位で、そこから左に向かって席次が下がる場合と、上述のG8サミットのように、中心を最上位として、そこから段々外側に向かって右左交互に席次が下がる場合とがある。このことは、人が並ぶときだけでなく、国旗を並べるときも同じである（寺西〔二〇一四〕）。

第3章 外交政策

外交が、国際社会における、ある主権国家と他の主権国家との公式な関係ないし交流、特にそれぞれの国家を対外的に代表する政府間における交渉や交際を意味するとすれば、どの主権国家のどの政府にも、そうした関係や交流、交渉や交際にあたっての方針や方策、すなわち外交政策がある。ただ一口に外交政策と言っても、その内容や形は多種多様である。

一国の外交関係における最も基本的で原則的な方針を意味する場合もあれば、個々の細かい案件に対する個別具体的な対処方針を意味する場合もある。その中間には、のちに紹介するように、様々な形の外交政策がある。第**1**章で紹介したハイポリティックスとロウポリティックスという次元で外交政策を区別することもできる。

そうした中で最も高い次元の外交政策は、その国の政府ないし国民の世界観や基本的価値観を示すものであろう。自分たちの生きているこの世界が、どのようなものになったらいいと考えるか、あるいは、どのような世界にしていきたいかという目標である。これは、その国の立国の理念やイデオロギーとも関わる問題で、例えば冷戦の時代、アメリカと当時のソ連が自由主義か共産主義かをめぐり覇を競っていたことを思い起こせばわかるように、自国が実現したい世界の像を構想し、それを実現することを目標とするということである。戦前の日本も、ドイツなどの枢軸国と組んで、アジアで日本を中心とした大東亜共栄圏を作ろうと構想していた時代には、ことの是非は別として、それなりの世界観、国家目標としての外交政策を持っていたと見ることができる。

このような、言わば帝国型の外交政策は、冷戦が終結した後の今日の国際関係においては影が薄くなってしまった。シラク大統領（一九九五〜二〇〇七年在任）の時代のフランスが多極的世界の実現を外交政策として掲げたことがあったが、今や唯一の超大国となったアメリカに対抗して、独自の世界観やそれに基づく国家目標を掲げようという動きは、あまり見られない。

❖ 外交の基本原則・理念

しかし、だからといって、今日の外交にまったく理念的要素がなくなってしまったわけではない。冷戦の終結によってイデオロギーに基づく大きな対立はなくなったが、逆に宗教や民族の違いによる対立が噴出してきて、不安定な世界と不確実な将来に対する懸念は依然として強い。そうした中で、永続的に他国と共存・共栄できる安定的な世界の模索が続けられているが、それがどういう世界なのか、自国にとって望ましい環境としての世界はどういうものなのか。そうした理想的な世界の体現する価値観が、各国の外交政策の基本となるのである。

ところで、そうした価値観は単なる外交関係に関わるものというより、むしろ国内の政治や経済・社会の基本となっている原則や理念と表裏一体となって表現されていることが多い。日本の場合は、民主主義、自由主義、市場経済、基本的人権の尊重、平和主義などといった国家・社会の基本原則・理念が、そのまま外交政策の基本原則となっている。

そうした基本原則・理念を世界の多くの国々と共有できるのか、あるいはどの国と共有できるのかが、外交関係を営むうえできわめて重要であることは言うまでもない。日本は外交上の基本原則・理念において多くを共有するアメリカと政治面・安全保障面で同盟関係を結び、経済面でも強い相互依存関係にあるが、どの地域、どの国を優先して密接な関係を築いていくかという選択は、高度な政治的判断に係る外交政策である。

以上で述べたような基本的な外交政策に関しては、国是として憲法などによって定められる場合もあれば、政府提案の法律や条約として国会の承認を得て決められる場合もある。いずれの場合も、民主主義国では、選挙などの民主的なプロセスを経て、主権者たる国民の意思が憲法なり国会なりに体現されているわけだから、それによって決められた政策は国民によって決められたと観念することができる。そのほか、歴代政府によって外交の基本方針として内外に表明され、それが国民に受け入れられ支持されて、定着しているようなものもある。

戦後の日本においては、憲法（一九四七年施行）において平和主義を、そして、日米安全保障条約（一九六〇年発効）や日米安全保障共同宣言（一九九六年）などにおいてアメリカとの同盟関係を外交の基本原則とすることが明文化されている。その他、一九五七年の外交青書において、「外交三原則」として、「国際連合中心」、「自由主義諸国との協調」および「アジアの一員としての立場の堅持」が標榜され、一九七七年に表明された「福田ドクトリン」では、東南アジア諸国との「心と心のふれ合う相互信頼関係」の構築を謳い上げた。また、一九八八年に表明された「国際協力構想」

では、「世界に貢献する日本」として、「平和のための協力強化」、「国際文化交流の強化」および「政府開発援助（ODA）の拡充強化」を掲げた。戦後五〇年目の一九九五年には、「村山談話」が発表され、過去の「植民地支配と侵略によって、多くの国々、とりわけアジア諸国の人々に対して多大の損害と苦痛を与え」たことに対し、「あらためて痛切な反省の意を表し、心からのお詫びの気持ちを表明」した（これらの基本文書については、［巻末資料］「戦後日本外交の基本原則・理念を表明したテキスト」を参照）。

❖ 外交政策のヒエラルキー

こうした基本政策の下、大きな問題から小さな問題まで、様々な次元の外交政策が政府によって策定され、実施される。その際、政策策定の基軸に置かれるのは、第**1**章で説明した国益である。言い換えれば、国益を外交関係においていかに政策化するかということである。その決定の仕組みについてはのちに触れるが、政策の実体については、国益実現のための目標の設定という局面と、それを達成する方法の策定という局面を分けて考えることができる。

目標とともに方法が重要なのは、外交政策は実際に施行されることが前提となっているからである。逆に言えば、政策化されたことは、実際に施行されて初めて意味がある。政策の本質は具体的行動にあるのだから、実行可能性のない政策は絵に描いた餅にすぎない。そのため、外交政策としては、目標を達成する手段、実行の方法、手順などの策定という次元の政策が、目標の設定という次元の政策と同様、重要なのである。

例えば、日本がアメリカと同盟関係にあり、そのことは日米安全保障条約に定められているとしても、同盟関係が具体的にどのようなことを意味するのかは自明ではない。その時々の国際安全保障環境、日本を取り巻く近隣諸国との関係、軍事力や軍事技術の状況、アメリカの世界戦略など、様々な要因によって、同盟関係の実体は変わり得る。当然、時代によっても変わる。そのため、同盟関係を実体化するための手段、実行の方法、手順などを、多様な選択肢の中から選び策定するという政策が不断に必要とされるのである。

また、日本がＴＰＰ協定への参加を目標として決定したとしても、そこに向かってどのように進んでいくかという道筋は必ずしも明らかではない。その時々の国際環境や政治・経済情勢、交渉の進捗状況などによって、様々な局面が生じ、それに応じた対応を迫られるであろう。交渉に臨む基本方針から、各分野ごとの対処方針、各相手国ごとの対処方針、交渉の各段階ごとの対処方針に至るまで、個別に具体的な政策を策定しなければならない。さらに細目にわたる技術的・専門的な内容に関する対処方針や、交渉の手続きやロジに関する方針まで含めれば、外交政策は内容も形も次元も様々で、それらが入り組んだ複雑で複合的な体系となっている。

外交政策が必要となる状況も様々である。自国国内からの要請によってある案件が外交問題となり、政府として方針を決めなければならないような場合もあれば、逆に相手国政府からの要請に応じて外交的対応を迫られるような場合もある。地球環境問題のように、国際社会共通の課題として外交的な対応をしなければならないような場合もあるし、自国のイニシアティブで進めて行くような場合もあろう。突発的に起きた国際的な事件や事故を受けて、何らかの対応を迫られるという場合もある。それぞれの場合に応じて、対処の方針、すなわち外交政策も千差万別とならざるを得ないのである。

このように様々な形をとる外交政策は、日本ではほとんどの場合文書の形で取りまとめられる。政策の内容について、政府内で関係者が正しく理解し納得していないと、それを具体的行動として実行する段階で政府部内での協力がうまくいかず、齟齬が生じる恐れがあるので、日本では、政府内もしくは外務省内の意思統一を徹底することを重視し、政策決定プロセスは文書化のプロセスを伴うことが原則である。

文書化された外交政策は、例えば、首相や外務大臣などによる政策演説や意図表明として、国連など国際会議の場や外国訪問の機会に表明されたり、政府声明や談話などという形で記者発表されたりする。外交交渉や国際会議に日本政府としてどのように臨むかという対処方針も、政府内部で調整され文書化される。二国間の外交上の懸案について相手国政府に何らかの申し入れや要請をする必要がある場合、その言い方や伝え方なども内部文書としてまとめられ、関係者に指示・通達される。それが、大使館への指示・通達である場合は公電として発出される。そのほかにも、政府内、外務省内での指示・通達として文書化される外交政策は無数にある。

それらの集大成が、対外的には条約や国際協定という形となって表現され、対内的には関連国内法令という形となって表現される。文章ではなく数字として表される国家予算も、外交政策の実体化を担保するという意味で、外交政策の重要な一部を構成する。

これらの多種多様な外交政策は、政策のレベルや内容により一種のヒエラルキーを構成している。

図表３－１　ＯＤＡ政策のヒエラルキー

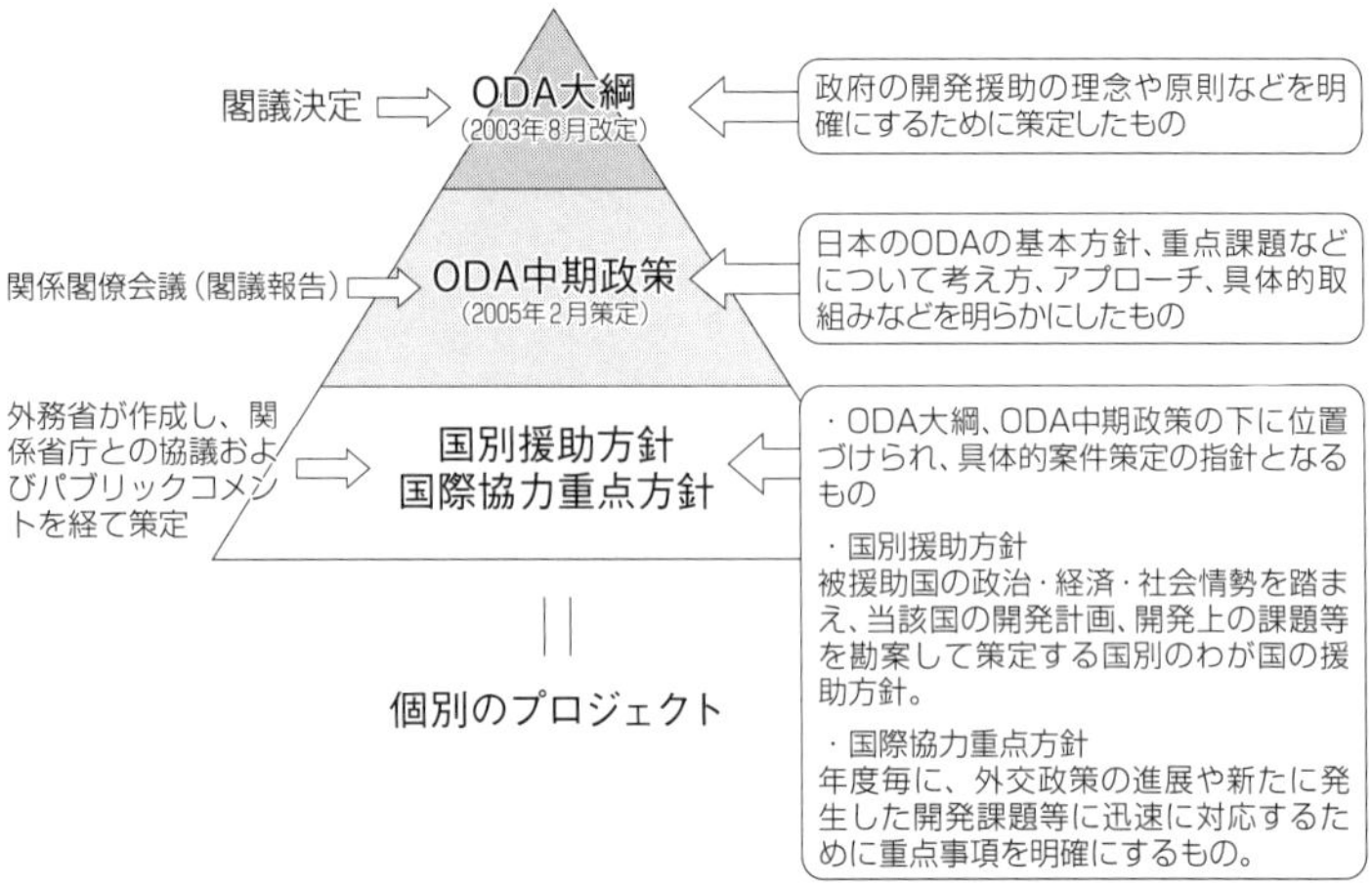
閣議決定
ODA大綱
(2003年8月改定)
政府の開発援助の理念や原則などを明確にするために策定したもの
関係閣僚会議（閣議報告）
ODA中期政策
(2005年2月策定)
日本のODAの基本方針、重点課題などについて考え方、アプローチ、具体的取組みなどを明らかにしたもの
外務省が作成し、関係省庁との協議およびパブリックコメントを経て策定
国別援助方針
国際協力重点方針
・ODA大綱、ODA中期政策の下に位置づけられ、具体的案件策定の指針となるもの
・国別援助方針
被援助国の政治・経済・社会情勢を踏まえ、当該国の開発計画、開発上の課題等を勘案して策定する国別のわが国の援助方針。
・国際協力重点方針
年度毎に、外交政策の進展や新たに発生した開発課題等に迅速に対応するために重点事項を明確にするもの。
||
個別のプロジェクト

〔出典〕外務省国際協力局資料を基に筆者作成

ＯＤＡ政策を例にとって見れば、このヒエラルキーは図表３－１のような形となる。最上層に政治的決定（閣議決定）としてのＯＤＡ大綱があり、政府の開発援助の原則や理念が明文化されている。その下で、中層に中期政策、下層に国別援助方針や重点方針が策定され、さらにその下で、個別のプロジェクトについての具体的方針が決められるという構造となっている。下層に行けば行くほど、行政レベルの関与の度合いが強まり、上層の政治的決定に基づいて与えられた裁量権の範囲で、外務省など関係機関が、具体的な政策を決定し執行しているのである。

第4章 外交と内政

外交は内政と密接に関係する。特に、外交政策の決定には、内政上の要因が大きく影響する。

❖ 政策決定プロセスのモデル

前章で明らかにしたように、外交政策には様々な内容、形、次元のものがある。それに応じて、政策決定のプロセスも多様であり理論化は難しいが、あえて類型化を試み有益な分析の枠組みを提供したのが、グラハム・アリソンである。アリソンが提示した外交政策決定プロセスのモデルのうち、代表的なものを三つ紹介する。

第一は、合理的行為者モデルである。この場合、指導者が国家の立場から、最善の情報に基づき、複数の選択肢の中からそれぞれの費用と効果を合理的に計算し、比較衡量しながら、国益が最大となる最善の政策を選択して決定する。指導者が国民の支持を得ていて、政治的リーダーシップを発揮することができ、そうした指導者を優秀な官僚が支える体制にある場合などに有効に機能するだろう（図表4－1参照）。

第二は、組織過程モデルである。政府内の各省庁、あるいは各省庁の中の各部局が、それぞれの組織の権限と役割に基づく標準的な業務手続きや組織の論理に従って自動的に対応する過程の結果が政策となる。指導者は、各組織からの要請に順次応えるか、必要に応じ調整するのみである。政治性の弱い案件であまり指導者の関与を必要としない場合や、政府機関が強力で自律的に決定ができる場合などに機能する。逆に、指導者に政治的リーダーシップがないときにも、こうした状況が出現する（図表4－2参照）。

第三は、政治過程モデルである。政治に関わる様々な組織（関係省庁、議会、政党、圧力団体、利益団体）や個人（政治家、官僚、関係者）の駆け引きを含む相互作用の産物として政策が決まる（図表4－3参照）。

これらのモデルは、実際の政策決定プロセスの一面を巧みに表している。どれが一番よく当てはまるかは、政治体制や関係者間の権限関係・権力関係によって決まるところが大きい。独裁的な国家や強力な指導者がいる国家では合理的行為者モデルが働く余地が大きいだろうし、官僚制の強固な国家では組織過程モデルが機能することが多かろう。民主的で多元的な国家では、政治過程モデルの出番となる可能性が高い。

しかし、現実に行われている政策決定のプロセスは複雑で、純粋にこうした単純化したモデルのみで説明がつくものは少ない。実際は、これらのモデルが示す要素が複雑に絡み合い、案件の重要性や緊急性、その時々の政治状況（指導者のリーダーシップが強いか弱いか、政府機関の力が強いか弱いか、与党と野党の力関係、関係業界や利益団体の関与、メディアの影響力など）に応じて、あるモデルの要素が強く出たり、別のモデルの要素が強く出たりするということであろう。

図表4－1　合理的行為者モデル

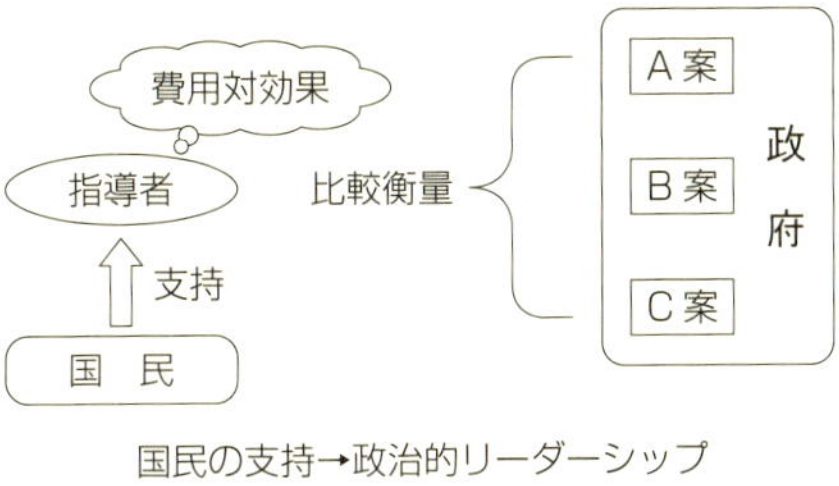

図表4－2　組織過程モデル

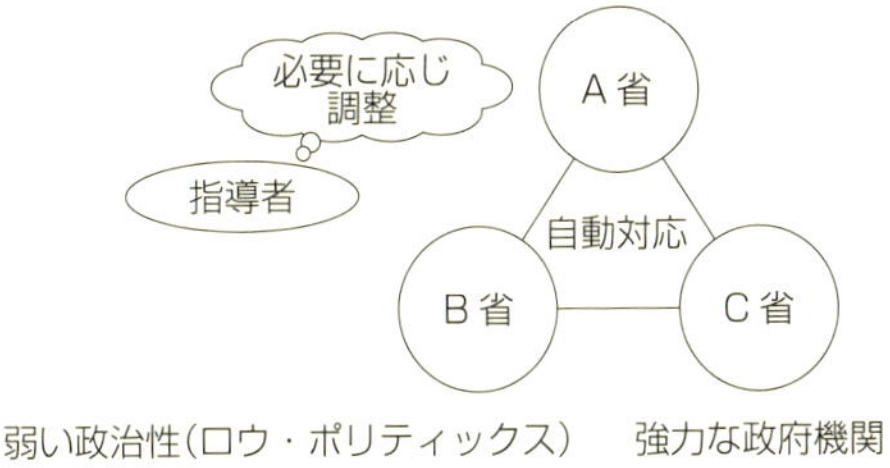

図表4－3　政治過程モデル

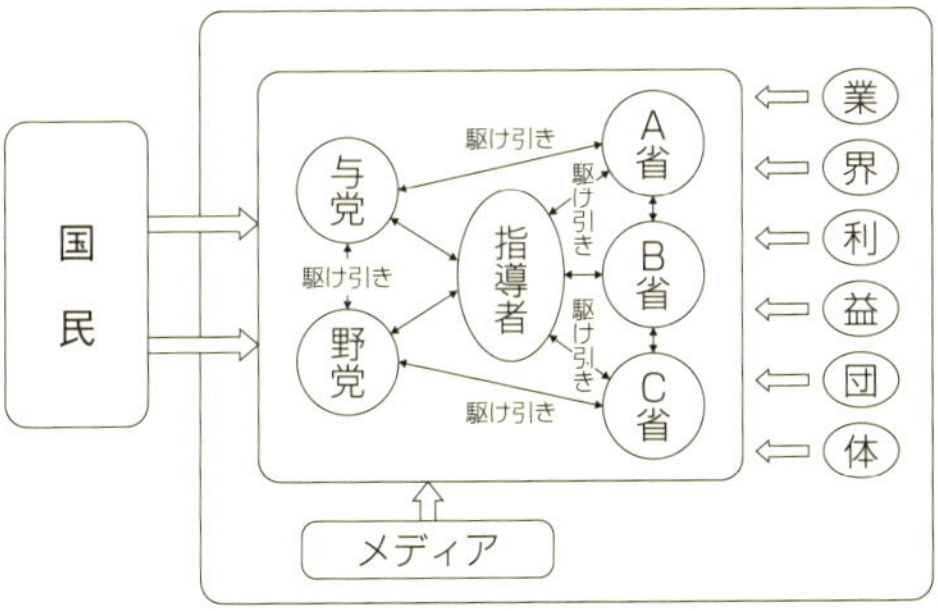

❖ 日本における外交政策の決定

そうした中で、結局のところ、誰が決定の権限を持つのか、誰が何についてどこまで決められるのかということが、重要なポイントになる。

先に説明したとおり、外交政策には様々な次元がある。それぞれの次元に応じて、政策決定者のレベルも変わる。最も高い次元の外交政策、すなわち基本原則・価値観や同盟関係などの基本政策については、すでに述べたとおり憲法や法律・条約などで決められているので、その限りにおいて、国会（と国民）が決めたと観念することができよう。また予算の裏づけがなければ実施できないような外交政策（例えばＯＤＡ政策など）も、国家予算の承認を行う国会が最終的に決めていると観念することができる。

このことを前提としたうえで言えば、外交政策の決定権限は、日本の場合、基本的に内閣にある。日本国憲法は第七三条において、「内閣は、……左の事務を行う」として、「外交関係を処理すること」と「条約を締結すること」を挙げている（ただし、条約の締結に関しては、「事前に、時宜によっては事後に、国会の承認を経ることを必要とする」とも規定している）。このことから、外交に関する権限は内閣にあるとされるのである。そして、内閣の中でも、外務大臣および外務大臣を補佐する外務省に、外交政策の企画・立案に関する中心的な役割と権限が認められている（外務省の役割と権限に関しては、第**8**章で改めて触れる）。

そうした基本的な体制の下で、重要な政策決定は当然政治レベルで行われる。特に内閣のトップである内閣総理大臣（首相）と外交の担当である外務大臣の力が大きく、総理大臣の補佐役として内閣を統括する官房長官の役割も大きい。重要な外交政策ほど政治レベルでのイニシアティブと政策調整が重要となる。特に政府内、関係省庁間で調整がつかず、内閣としての統一的対応ができないような場合には、内閣の要である官房長官と副長官の役割が大きい。しかし、そのような最悪の事態になるケースはあまり多くなく、事務レベルで関係省庁間の調整が決着することがほとんどである。そのため、外務省と関係省庁との間では、政策調整のための協議が日常的に行われている。

❀外交アラカルト——日本的決定方式

日本では、外交政策の決定にあたり、基本的に全当事者の同意を得るように努めるという伝統が強い。特に組織過程モデルが当てはまるような場合では、関係省庁間で決着がつくまで延々と協議・調整が続けられ、そのために関係者は徹夜となることもたびたびある。また、こうして長い協議・調整の時間がかかることによって、なかなか物事が決められない、迅速な対応ができないという批判もある。そうした欠陥はあるが、日本はいったん決めたことはきちんとしっかり実行するという点では、国際的に評価が高い。

一方、合理的行為者モデルの場合、指導者に対し事務方は複数の選択肢を提案して、その中から指導者がベストと考えるものを採択することをアリソンは想定しているが、日本では事務方が指導者に政策の提案をする場合は、事務方としてベストと考える案を提案することが多い。指導者にとってもベストであると思われる提案をすることが、優秀な官僚の条件とされているからであるが、こうした慣行が長く続いてきたことが、政治のリーダーシップの確立を妨げてきた面は否定できないだろう。

❖ 外交政策と対外政策

ところで、外交政策の決定に外務省以外の国内省庁が関与するのは、外交と内政が連動しており、外交の結果が国内の政治や経済・社会に影響を与え、逆に国内の政治や経済・社会の動きが外交にも影響を与えるからであるが、それに伴い国内省庁自体が国際的な問題に直接関与することも飛躍的に増加してきている。

例えば、経済産業省は通商（貿易）、通商経済上の国際協力など経済面での対外関係や政策に深く関わっているし、他にも、財務省が国際金融、農林水産省が農産物貿易、国土交通省が国際運輸や航空、厚生労働省が医療協力・交流や外国人労働者問題、文部科学省が科学技術交流や教育交流、環境省が地球環境問題、防衛省が安保協力や軍事交流などに直接携わっている。

そういう意味で、政府としては幅広い関係を諸外国と営んでおり、それは単なる外務省の担当している領域を大きく上回る。そして日本だけでなく、世界の各国も多かれ少なかれ似たような状況にあるため、各国で同じ分野を担当している省庁同士、その閣僚同士で、外交交渉にも似た交渉や会議が持たれ、外交関係にも似た交流や関係が幅広く築かれるに至っている。

ここで、便宜上、外務省が関与する領域を「外交関係（政策）」とし、他の省庁が専管する領域を「対外関係（政策）」と呼ぶことにすれば、両者の関係は図表４－４のようになる。

この図の示す三つの円は、それぞれ包含関係になっており、一番外側の円が示す「対外関係（政策）」の中の一番内側に「外交関係（政策）」が内包されている。そして、その二つの間に中間的な

図表 4 - 4　外交関係（政策）と対外関係（政策）

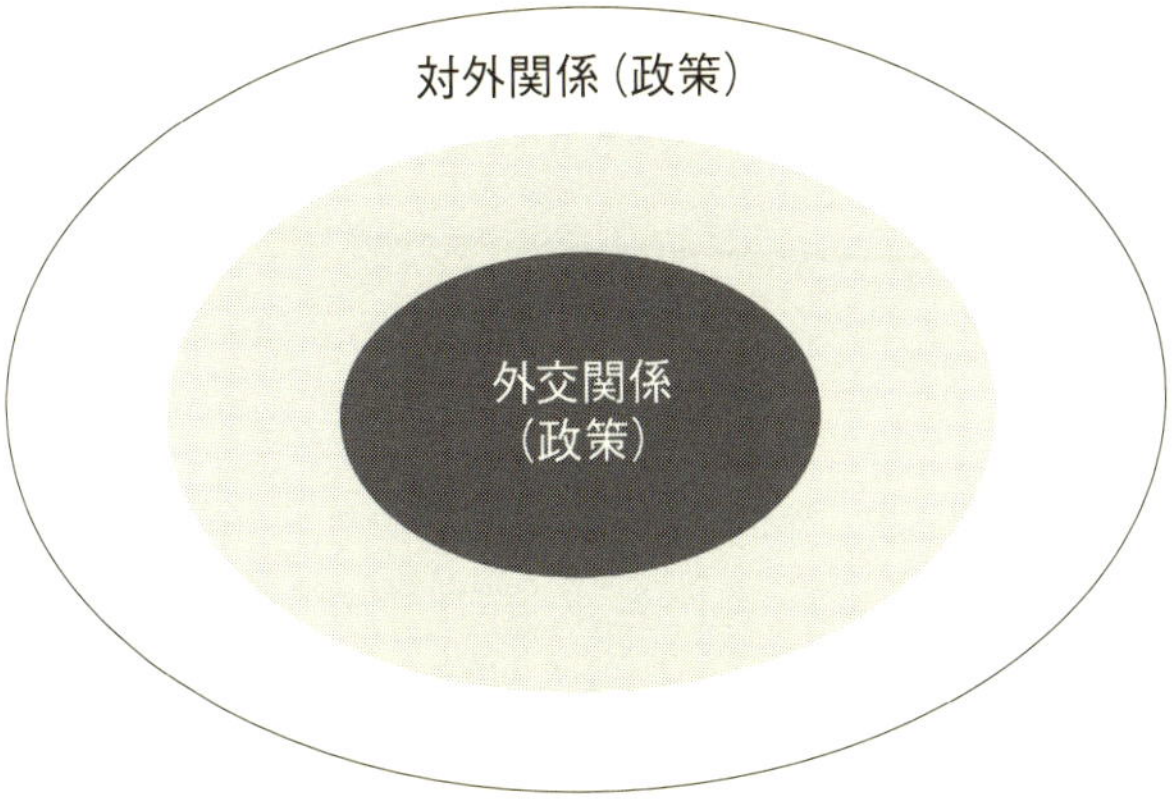

グレイゾーンがある。これが意味することは、次のとおりである。

第**1**章で説明したとおり、グローバリゼーションが進んだ今日の国際社会では、国家同士が相互依存関係を強めており、国際的な問題と国内の問題とが峻別できないほど密接に絡み合い、単純な国内問題あるいは単純な国際問題として処理することが困難になっている。こうした中で、基本的に国内問題を担当してきた国内省庁も、国際問題への対応を迫られるケースが激増してきた。こうして「対外関係（政策）」の領域が広範に存在する（一番外側の円）に至っているのである。

本来は、こうしたところにも外務省が関わり、外交の一元化を図るのが望ましい（この点については第**8**章で説明する）のであるが、外務省は、複雑で多様化した国際問題のすべてについて対外関係の窓口となることができるわけではないし、それは必ずしも望ましいことではない。技術的・専門的な問題は、各国内省庁に任せておいて構わないものもある。

したがって、外務省は「対外関係（政策）」のうち、重要な国益に関わるもので、相手国との関係および国内関係省庁との関係で総合的な立場からの調整を要するものに関与する（一番内側の円が示す「外交関係（政策）」の領域）が、それ以外の領域は、それぞれの関係省庁が個別に担当する。このような役割分担がなされ、「外交関係（政策）」は「対外関係（政策）」の一部であるという関係が、この図の包含関係で示されている。なお、両者の間のグレイゾーンは、両者の間の区別を厳密につけることは難しく、曖昧なところもあるということを表している。ある案件が現実にどちらに位置づけられるかは、ケースバイケースである（この点についても第**8**章で改めて触れる）。

こうした「外交関係（政策）」は、外務省単独で対応するものもあるが、多くの場合は他の国内省庁との政策調整を行い、その協力を得ながら進められる。外務省と他の関係省庁との間の調整は基本的には外務省が政策を企画・立案し、必要に応じ国内関係省庁と協議を行ったうえで、内閣すなわち政府として決定するという形がとられる。

この場合、国内関係省庁の背後には、それぞれの関係業界、圧力団体、利益団体、関係国会議員などが控えていて（例えば、農林水産省に対する農協、経済産業省に対する経済界・産業界など）、それらの組織や有力者の意向が各省庁の政策に反映される。これらの省庁と外務省との調整・協議では、各省庁間の権限関係だけでなく、力関係（政治力・交渉力・説得力）が左右する。大方はこうした事務レベルの調整・協議で決着がつくが、決着がつかなければ、大臣レベル、政治レベルへと上がり、内閣官房長官（または副長官）さらには総理大臣（首相）の決裁を仰ぎ、政治的に決定というような流れとなることもある。

先に挙げたアリソンのモデルに即して言えば、日本の外交政策決定過程は、自民党長期政権の下、官僚主導で内閣の意思統一ができる場合が多く、その意味で組織過程モデルに近かったと言える。しかし、近年は、官僚主導に対する批判が高まり、民主党政権時代（二〇〇九～一二年）には、政治主導を志向する流れが強まった。また一方で、相反する利害関係者間や与野党間の対立、さらには与党内対立などで政治的調整を必要とする問題（例としてはTPP問題が典型的）が増えてきたことから、政治過程モデルが当てはまるようなケースも少なくない。

なお、こうしたプロセスを経て外交政策を決めたとしても、交渉の場合には、それをそのまま相手国が受け入れてくれるとは限らない。政策として予め決めた対処方針の範囲内で妥協ができればよいが、そうでない場合は相手の反応に応じて対処方針を再検討しなければならない。交渉の進展次第では、差し戻し、政策の練り直しの必要も出てくるのである。そうなると、政策決定のプロセスと交渉のプロセスが、交渉の決着まで延々と交互に繰り返されることになる。

❖ 外交は内政の延長

ところで、いくら内閣のトップである総理大臣が外交政策決定に大きな力を持っているといっても、総理大臣が一人ですべてを勝手に決められるわけではない。すでに説明したとおり、国家の外交の基本に関わるような重要な政策、特に条約の締結や関連国内法の制定、予算措置などを伴う外交政策については国会の承認が必要となり、国会における支持基盤すなわち多数派の賛同が必要である。逆に言えば、国会の多数派によって支持ないし賛同されない政策は実行ができないので、政策として意味をなさない。その点では、国内政策と同じである。

国会において与党と野党の対立がある場合はもちろん、与党内での意見・利害の対立がある場合も、内閣としては、政策の内容を、国会の支持ないし賛同が得られるような範囲に収めなければならない。関係省庁の関与のところで紹介した関係業界、圧力団体、利益団体などに加え、世論やメディアの動向も、こうした政策調整のうえでは、きわめて重要な要因になる。それらの諸々の要因が関わり、政治的力学が働いて、高度に政治的な判断が必要となってくる。

そうならざるを得ないのは、外交政策を考えるにあたって重要な国益という概念に対する認識が、必ずしも国民的に一致しないからである。抽象的なレベルではともかく、具体的なケースに即して考えた場合、国民の間で利害の違いがあって、一部の人々の利益にはなるが他の人々の利益にはならないということは往々にしてあり、逆に言えば、国益という美名のもとに国民が一致結束するということはなかなかあるものではない。例えば、TPP交渉に対する政策をめぐり、賛成派である経済界・産業界と、反対派である農業団体とでは、国益の内容に対する考え方はまったく違う。

また、国益の内容についての認識が一致したとしても、それを実現する手段や方法については意見を異にするというのも往々にしてあることである。例えば、国の安全保障の手段としてアメリカとの同盟強化という道を選ぶのか、その他の方途を探るのかという点で、国民の間には様々な意見がある。沖縄の米軍基地問題のように、国（中央政府）と地方（沖縄県）との対立の構図を孕んでいるケースもある。したがって、外交政策をどうするかは、そうした複雑な利害の調整、意見の調整という、きわめて機微で政治性の高いプロセスとならざるを得ないのである。
そういう意味において外交は内政の延長上にあり、内政は外交と密接に連動するのである。ただ、外交の当事者にとっては、こうした国内の不一致は、交渉における自国の立場を弱めるもので、必ずしも歓迎されるものではない。むしろ「政争は水際まで」と言われるように、内政が外交の足を

❀外交アラカルト――政治主導

戦後日本外交の歴史の中で、強い政治的リーダーシップにより、指導者が政策決定を主導し、成功した例としては、自民党長期安定政権下で強い政治基盤を持っていた佐藤栄作首相による沖縄返還の実現、同じく田中角栄首相による日中国交正常化、国民的な人気を誇っていた小泉純一郎首相による日朝首脳会談の実現などを挙げることができるだろう。

指導者に、何が国益なのかということについての信念があり、それを国民が支持している場合、その指導者の外交関係におけるリーダーシップも自ずから強いものとなる。それを外務省などの事務方が支え、指導者にとっての最善の選択ができるように最善の情報を提供することが、アリソン流の合理的行為者モデルが有効に機能するためのカギとなる。

そこまで理想的にいかない場合も、外交当事者にとって、指導者が直接関与する首脳外交はきわめて有益で重要である。例えば、首相や大統領が外国訪問をすることは、相手国との二国間関係を大きく動かすモメンタムになることが多い。首脳レベルでしか決着しない外交上の懸案を抱えている場合は、特にそうである。外交事務当局は、そうしたモメンタムを最大限に活用しようとする。逆に、そのために、自国の首脳の外国訪問をできるだけ実現しようとするし、また、外国首脳の自国訪問をできるだけ受け入れようとする。

政治家にとっては、こうした外交上の業績が、国内における政治基盤と政治的指導力を強化することにもつながるので、その意味でも外交と内政は密接に関連していると言える。

縛るようなことは避けたほうが得策であることは間違いない。しかし、外交が国民主権の下で行われなければならないとすれば、民主的で多様な社会における最大多数の最大幸福を国益として追求していくためには、こうした内政上の制約条件を克服することは、難しいが避けて通ることができない課題である。

▼参考文献　より深く知りたい人のために

佐藤英夫「政策決定論」有賀貞他編『講座国際政治②外交政策』東京大学出版会〔一九八九年〕

第5章　外交と情報（インテリジェンス）

❖ 情報の重要性

外交において、情報はきわめて重要である。そのことを改めて思い知らされた事例がある。二〇〇三年二月五日、イラクとの戦争の可能性が強まってくる中で、アメリカのパウエル国務長官は、国連安全保障理事会において、イラクが大量破壊兵器を隠し持っていることを示すとされる証拠を公表した。この証拠はＣＩＡによる情報収集活動で得られたもので、アメリカはこれを公表することによって、イラクへの武力行使の正当性を訴えようとしたのである。まさにイラクへの武力行使の是非をめぐり、国連を舞台に、様々な関係諸国が鍔迫り合いの外交交渉を行っていたさなかに、アメリカがこうした情報を公表したことは、開戦への流れを決定づける大きな要因の一つとなった。

しかし、実際にイラク戦争が終わったあと、アメリカ政府が改めて調査した結果、実はこのＣＩＡ情報は誤っていたことが判明した。そもそもアメリカ自身が、誤った情報に基づいて政策判断と行動を行っていたというだけでなく、国連や国際社会全体もそれに踊らされてしまったという、苦い教訓が残った。

外交の失敗は最悪の場合戦争になるが、外交の成否を分けるのは情報であると言っても過言ではない。

❖ 外交官＝スパイ？

一八世紀のフランスの外交官カリエールは、「大使は尊敬すべきスパイ（un honorable Espion）とも呼ばれる」（Callières〔1716〕）という名言を残している。当時の宮廷外交の時代には、大使の重要な任務の一つは、任国の宮廷の秘密を探り出すことであったから、そう言われても不思議はない。しかし、今日においても、外交官はスパイのようなものだと思っている人は多いかもしれない。それはあながち間違ってはいない。なぜなら、外交官は、国際法によって認められている外交特権によって、その身分や地位を守られながら、任国の情報を自由に収集し、本国に報告することができるからである。その意味では、外交官がスパイもどきの仕事をしていると言われても、仕方がない。

しかし、外交官はスパイではない。スパイ映画に出てくるようなスパイは、非合法の手段を使ってまで他国の秘密を探り出そうとするが、外交官はそうした非合法活動は行わないのが原則である。それでは、外交官の行っている情報収集活動とは、どのようなものなのだろうか。

❖ インテリジェンスとは何か

情報収集は、外務省（および大使館）と外交官の重要な役割の一つである。外交・安全保障政策の企画・立案・決定を適切に行うためには、その前提として、外国や国際社会で何が起きているか(=事実)を知り、各国の指導者や政府(および国民)が何を考えているか、何をしたいのか(=意図)を正しく知ることが重要である。すなわち、「事実」と「意図」を知るということが、情報収集のポイントであるが、「事実」は多くの場合外部から見えるので、公開情報によって知ることができる。しかし一方で、公表されない、あるいは隠された「事実」もある。それは内部情報にとどまり、外部には伝わってこない。さらに「意図」となれば、人の心の中はそもそも見えないので、なおさら外部には窺い知ることはできない。また、公表される政策や演説などには、必ずしも本音が出ているとは限らない。

このような、見える事実の背後に隠されている事情や本質、表向きの政策や演説の陰にある本音などを含め、任国や国際社会で起きている「事実」と関係者の「意図」を正確に把握し、本国政府に報告することが、大使館と外交官の重要な仕事である。

そのため、外交官は、常に任国の政治・経済・社会の状況を観察・調査し、見えない事実なども探り出して、本省に報告しなければならない。また、任国政府の高官や影響力のある要人と接触し、正確な事実や意図、本音を聞きだして、自分の分析も含めて本省に報告しなければならない。こうした本省への報告は、通常、秘匿のかかった公電で行われる。これらのことは、程度の差こそあれ、通常どこの国の大使館でも行われている。

こうした外交・安全保障政策の企画・立案・決定に必要な情報や、そのための活動(情報収集活動)を「インテリジェンス」と呼ぶ。すなわち、インテリジェンスとは、情報のユーザーとしての政策決定者（政府首脳や外務省など関係省庁）にとって、判断・行動のために必要な情報である。それは、単なる情報であるインフォメーションと区別され、広義には「行動のための情報」（ロバート・ボウイ元CIA分析部長の定義）（孫崎〔二〇〇九〕）、狭義には「対象側が隠している本音や実態すなわち機密を当方のニーズに合わせて探り出す合目的的な活動」（大森義夫元内閣情報調査室長の定義）（大森〔二〇〇五〕）と定義される。入手された情報は、情報担当官によって分析と評価が加えられ、政策決定者に報告されて、それに基づき、政策決定が行われる。その意味でインテリジェンスは、外交または軍事の場で行動を起こすことを前提としている（孫崎〔二〇〇九〕）。

❖ インテリジェンスの担い手

この意味でのインテリジェンスは、外務省の独占物ではない。むしろ、諸外国（特に主要国）では、外務省以外の対外情報機関が設置され、それが重要な役割を担っている。最もよく知られている例は、アメリカのCIAやイギリスのMI6（正式にはSIS）、フランスのDGSEなどであろう。CIAは国家情報長官に直属し、どの省庁にも属さない半独立機関で、スタッフは二万人と推定される。MI6は外務省の管轄下にあり、スタッフは二、五〇〇人と推定される。DGSEは国防省の管轄下にあり、スタッフは四、四〇〇人と推定される。

こうした情報機関の職員は、外交官や軍人に偽装したり、民間人、例えばビジネスマン・ジャーナリスト・研究者などに偽装したりして任国に入り込み、そこでエージェントを雇うなどして、独自に情報収集活動を行っている。任国に置かれた自国の大使館とは相互に補完的な役割分担がなさ

図表5－1　大使館と情報機関との役割分担

大使館（外交官）	情報機関
公式情報ルート（表） 体制側との関係が中心	非公式情報ルート（裏） 反体制派とも接触

れ、単純化した例で言えば、大使館（および外交官）は体制側との関係を中心に、言わば表のルートから公式情報の収集を担当するのに対し、情報機関は反体制派とも接触し、言わば裏のルートから非公式情報の収集を担当する（図表5－1参照）。

それでは、日本ではどうなっているのだろうか。日本には、CIAのような情報機関はあるのだろうか。

日本政府の中で、インテリジェンスを担っているのは、主に内閣情報調査室、外務省、警察庁、防衛省、公安調査庁の五省庁であり、これらの省庁が日本の「情報コミュニティ」とされてきたが、二〇〇八年以降は、これに財務省、経済産業省、海上保安庁、金融庁も加わった「拡大情報コミュニティ」が、外交・防衛・治安など国家や国民の安全に関わる重要情報を収集し、共有することとされている。そして、そうした情報をもとに、総合的な分析や評価を行って政策の立案に寄与するため、内閣官房長官を議長とする内閣情報会議と官房副長官（事務）を議長とする合同情報会議が設置されている（図表5－2参照）。

❖ 外務省のインテリジェンス活動

外務省は、海外に置かれた大使館などの在外公館を通じて、海外の情報収集を担当する。大使館では、政務班、経済班など専門別に各班に分かれた外交官が、

図表5－2　日本の情報コミュニティ

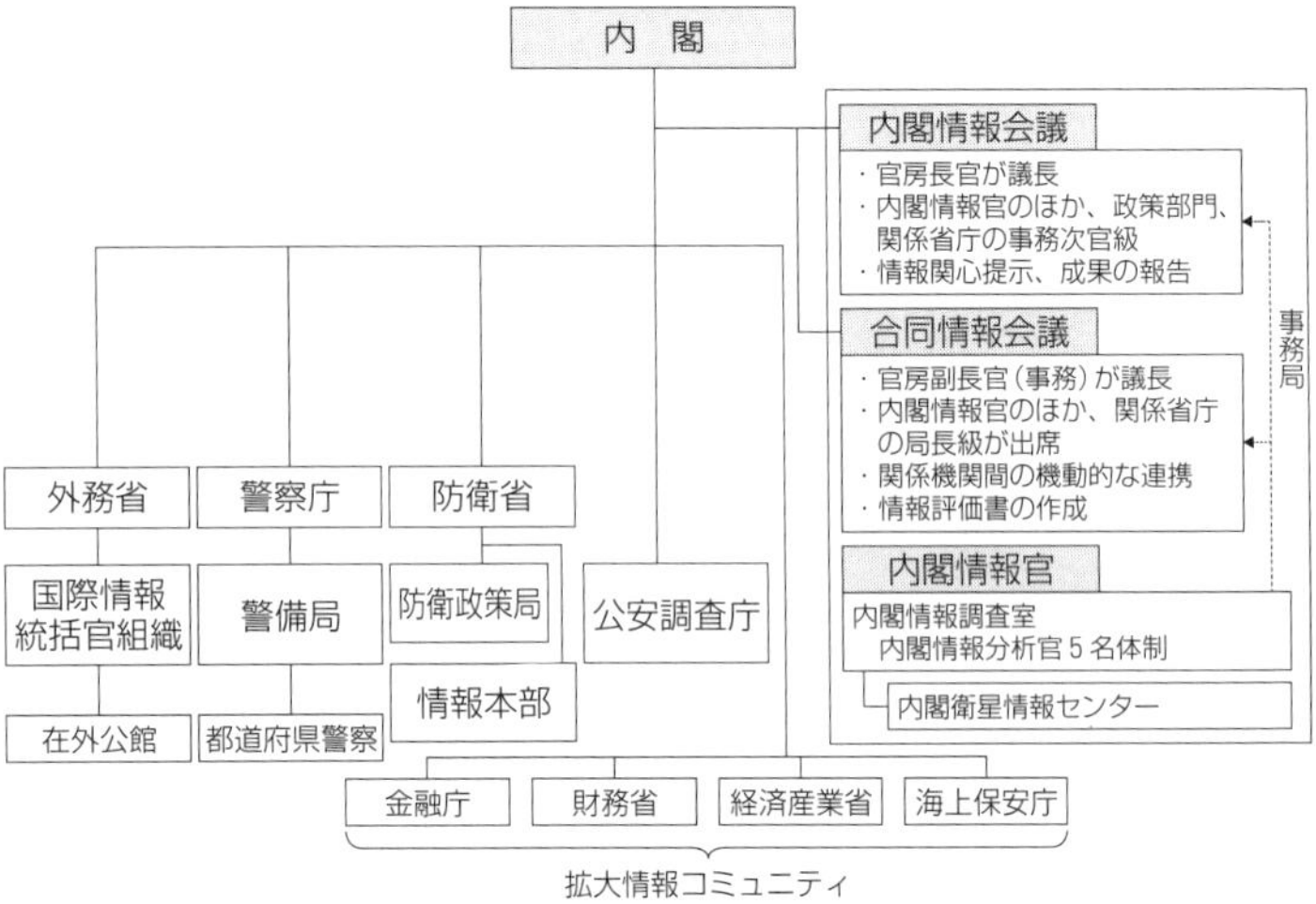

〔出典〕内閣官房「新たな時代の安全保障と防衛力に関する懇談会」資料1「情報と情報保全」（2010年5月）

自分の担当分野に関する任国の情報を収集して、本省に報告する。

その情報収集活動の基本は公開情報である。現地の新聞やテレビニュース、雑誌、政府などが出す公表資料、政府要人の記者会見や演説、講演、そして最近はインターネット、SNSなどを丹念にフォローしていれば、その国の社会で起きていることの大半（特に民主的で自由な言論・報道が認められている国の場合）は、それでわかる。したがって、外交官の仕事の基本は、そうした公開情報を毎日きちんと読み解くことである。

そのうえで、外交官は、それだけでは得られない情報（内部情報）を求めて、関係者に話を聞きに行く。政府関係者だけでなく、政治家、財界人、軍人などの有力者や、ジャーナリスト、評論家などなどの事情通が重要な情報源となる。アポイントメントを取って、相手のオフィスに行って正々堂々と聞くこともあるし、個人的に食事などに誘ったり、大使公邸や自宅に招いたりして、話を聞きだすこともある。例えば、その国で大統領選挙が行われるという場合に、テレビニュースのコメンテーターをしている有名な政治記者を日本食レストランに誘い、各候補、各陣営の状況を聞いて、選挙直前の政治状況として本省に報告したりする。また、任国における何らかの公式行事や要人が集まる社交のレセプションなど、関係者が出入りしそうなところに出向いて、何食わぬ顔で、懇談・雑談しながら、内部情報を聞きだすこともある。

その手法は、任国の政治体制や、相手によって変わる。民主的で自由な国では、まず報道でしっかり下調べしたうえで、与野党の政治家や、報道関係者などに自由に接触し、話を聞くことができる。一方、独裁ないし強権的で、報道・表現の自由が制限された国では、そもそも公開情報に多くを期待できないうえに、接触できる相手が限られてしまうという難しさがある。

情報を聞き出すときは、メモを取るときもあれば、取らないときもある。メモを取ろうとすると、相手側が警戒することがあるからである。そういう場合には、記憶するしかない。ケースバイケースである。

なお、こちらから一方的に聞き出そうとするのではなく、こちらからも何らかの情報を提供すると、相手からも情報が得やすいということがある。情報提供者に何らかの金銭的報酬を与えるという手法もあり得るが、情報の見返りに情報を提供するという、ギブアンドテイクの手法が有効であることも多い。また、相手側から情報を得ようとする場合、自分に一定程度の予備知識がなければ、相手側はそれに応じた情報提供しかしてくれない、すなわち自分が勉強したこと以上のことは聞き出せないので、事前の下調べが必須である。

政治情報で最も重要なのは、その国の政権交代や政変を予測することである。選挙など前もって政治日程がある程度わかっている場合は予測もしやすいが、政治にはハプニングがつきものなので、そうした緊急の事態が発生しても、直ちに的確な情報収集や分析ができるよう、担当者は普段から基礎的な情報収集を怠らないことが必要である。

そのため、日々公開情報をしっかり押さえておくことはもちろん、いざという時に情報提供をしてくれる人脈を日ごろから築いておかなければならない。そうした人脈を形成するにあたっては、信頼関係がきわめて重要である。秘密の情報を得た場合、その情報源を守るということをしなければ信頼関係を損ない、それ以降、秘密の情報を得ることはできなくなる。その結果、情報源そのものを失ってしまうことになる。

このようにして得られた情報を、大使館は日々、本省に公電で報告している。公電は、送信にあたっては暗号化され、傍受されても解読できないようにされており、毎日、何百本もの公電が東京の本省に届けられるとともに、関係の大使館にも情報共有のために同時に転送される。本省では、受信した公電情報は、それぞれの関係部局や本省幹部、関係省庁、さらには首相官邸（つまり首相や官房長官など）にも必要に応じ配布される。

本省には、こうした情報収集専任の組織として国際情報統括官組織という部局が置かれているが、これがすべての情報を集約・統括するわけではなく、各地域局でもそれぞれの地域情報を集約・分析して政策の企画・立案に活用している。また外務省は、友好国の情報機関とも接触を保ち、情報交換などの協力を行っている。

❖ インテリジェンスの手法

因みに、外務省のこうした情報収集の方法は、オシントとヒューミントという専門用語で表現される。オシント（OSINT）とは、Open Source Intelligence の略称で、公開情報のことである。すでに説明したとおり、新聞・テレビ・雑誌・公表資料・インターネットなど誰でも見ることができる公開情報を分析する。ヒューミント（HUMINT）とは、Human Intelligence の略称で、人的情報のことである。人との接触によって得られる、人の持っている情報で、それを引き出すのも人である。

ヒューミントは、一見原始的な方法のように思われるが、いくらハイテクを駆使した情報収集の手法（後述）が開発されても、人の心の奥底まで窺い知ることはできない。冒頭のイラク戦争の事例で、アメリカのCIAが間違いを犯したことの理由の一つは、CIAが得意としていた衛星写真や通信傍受などで得た情報を過信するあまり、ヒューミントを軽視し、結局イラク側の意図を読みきれなかったことにあるとされている。一方、中東におけるヒューミントについて定評のあるフランスのDGSEは、アメリカの情報には裏づけがないとして、終始疑念を抱いていたと言われている。

こうした古典的な情報収集の手法に加え、科学技術を駆使した手法として、シギント、イミント、マシントと呼ばれる情報収集方法もある。シギント（ＳＩＧＩＮＴ）とは、Signals Intelligence の略称で、電波情報のことである。電話、携帯電話、電波通信、レーダーなど通信（特に外国軍の通信連絡）を傍受し、分析する。イミント（ＩＭＩＮＴ）とは、Imagery Intelligence の略称で、画像情報のことである。偵察衛星や航空機などから撮影した写真や画像などを分析する。マシント（ＭＡＳＩＮＴ）とは、Measurement and Signatures Intelligence の略称で、測定情報のことである。熱、音響、化学組成（放射能などを含む）の変化、地震波などを計測して分析する。

❖ 他のインテリジェンス機関

最後の三者は、主に軍事情報を得るのに適しており、日本では防衛省情報本部が主にその任を担っている。特にシギントに関しては、電波部が置かれ、全国六ヶ所の通信傍受施設などで得られた電波情報を処理・分析している。またイミントに関しては、画像・地理部が置かれ、民間の衛星から収集した衛星写真の解析や、地理空間情報の分析などを行っている。このほか、防衛省情報本部では、分析部を中心に公開情報の収集と分析（オシント）や、友好国軍事情報機関との情報協力なども行っている。防衛省情報本部は、全体で二、〇〇〇人を超える人員を擁する、日本最大のインテリジェンス機関とされる。

一方、国内公安情報を中心に収集・分析しているのが、警察庁である。警察庁では、警備局を中心に、過激な政治団体や宗教団体、国際テロ組織、外国によるスパイ活動や工作活動に関する情報収集や活動の監視を行っていると見られている。

また公安調査庁は、暴力主義的破壊活動を防ぐため、そうした活動を行う可能性のある国内外の団体や組織に関する情報収集を行っている。対象となる暴力主義的破壊活動には、内乱や陰謀だけでなく、外患誘致、外患援助なども含まれるとされ、その意味で国外情報の収集も公安調査庁の任務の一部とされる。特に北朝鮮に関するヒューミントに強いとされる。

以上の情報コミュニティの省庁の要として、内閣情報調査室（略称「内調」）が設置され、それを統括する内閣情報官が置かれている。内閣情報調査室は、内閣直属のインテリジェンス機関で、「内閣の重要政策に関する情報の収集及び分析その他の調査に関する事務」を担当している。収集した情報と調査の結果を報告する相手は、首相と官房長官等、いわゆる「官邸」（首相官邸）のトップで、内閣情報官が直接、定例報告ないし必要に応じて随時報告を行っている。そのため内閣情報調査室は、「官邸」の情報関心に合致した各種情報を自ら収集する（オシントを含む）とともに、情報コミュニティ省庁が収集・分析した国内・国外の情報や、友好国情報機関との情報協力によって得られた情報などを集約し、内閣の立場から分析・評価を行っている。また、二〇〇一年には傘下に内閣衛星情報センターが設置され、日本独自の情報収集衛星（二〇〇四年に運用開始）を通じた情報収集と分析（シギント）を行っている。

なお、外務省幹部（次官、担当局長など）も、「官邸」に対しては、重要な国外情報について、直接、定例報告ないし必要に応じて随時報告を行っている。また他の情報コミュニティ省庁も、必要に応じ随時「官邸」に対し報告を行っている。これらの情報について、各省庁間で齟齬や混乱が生じないよう、上述の内閣情報会議と合同情報会議が設置されており、オールジャパンの情報コミュ

図表5－3　官邸と情報コミュニティの連接

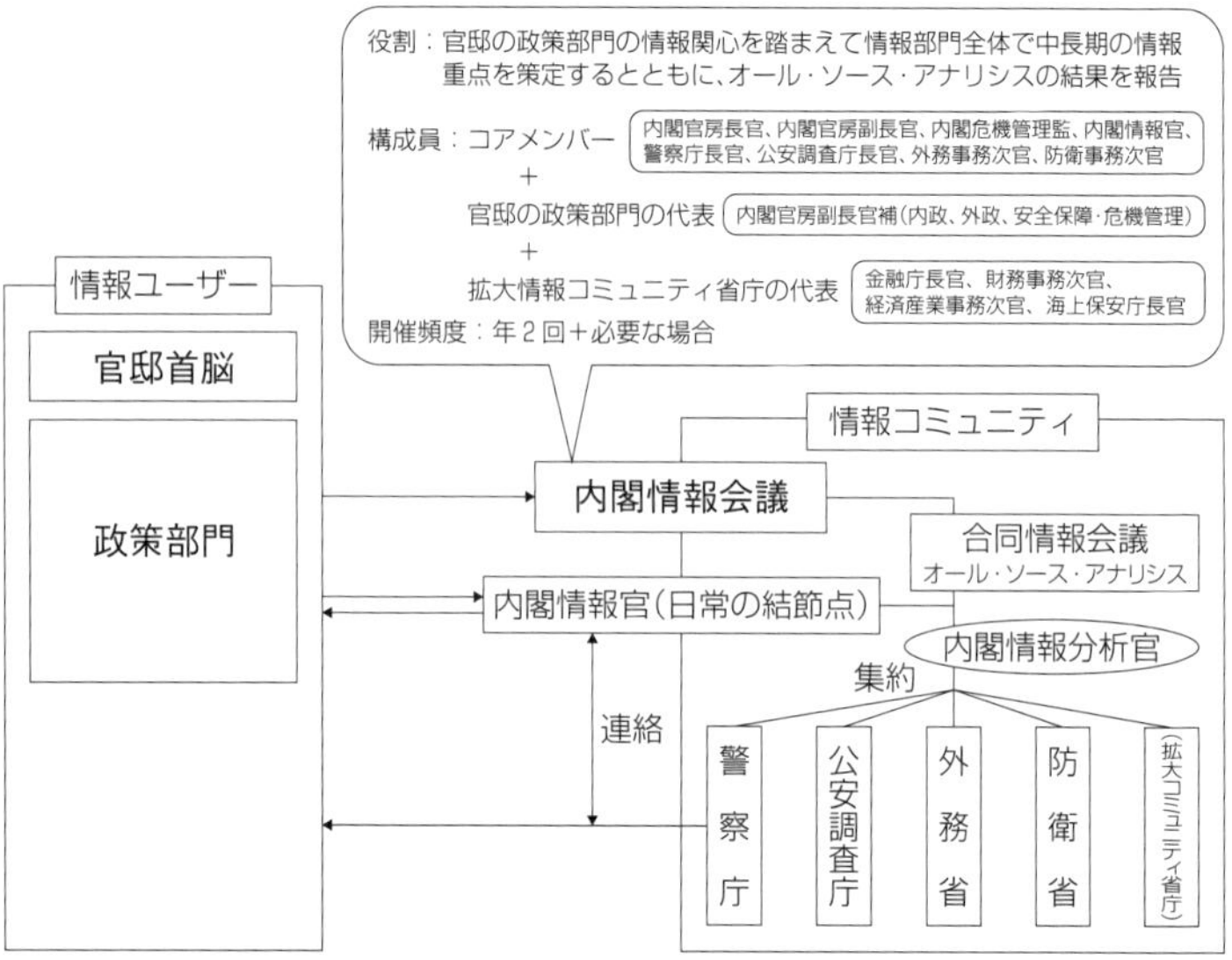

〔出典〕内閣官房「新たな時代の安全保障と防衛力に関する懇談会」資料1「情報と情報保全」（2010年5月）

ニティとして、様々な情報を総合的に集約して活用する「オール・ソース・アナリシス」の制度化が図られている（図表5－3参照）。

　またその一方で、情報ユーザー（政策部門）側においても、二〇一三年一二月に「国家安全保障会議」（日本版NSCとも呼ばれる）が内閣に設置され、その補佐組織として二〇一四年一月に国家安全保障局が発足したことにより、国家安全保障に関する重要事項および重大緊急事態への対処と政策決定について、関係情報の受け皿となる体制が強化された。

　以上をまとめると、内閣情報調査室、防衛省情報本部、公安調査庁も、一定程度、国外情報収集活動を行っていると言えるが、それは国外「の」情報を収集しているという意味であって、ＣＩＡやＭＩ６のように国外「で」、すなわち国外を活動拠点として情報収集活動を行っているわけではないという意味で、限定的でしかない。国外での情報収集活動は、日本の場合、基本的に外務省が担当しており、ＣＩＡやＭＩ６に匹敵する国外情報機関はないというのが実態である。日本にＣＩＡやＭＩ６のような国外情報機関を作るべきだとの意見もあるが、現状では実現の計画はない。した

❀外交アラカルト――外交と社交

外交に社交はつきものである。外交官というと、華やかなレセプションに出てシャンパングラスを片手に談笑したり、洒落たフランス料理のテーブルでワインの銘柄談義にふけったり、というイメージがつきまとう。確かに、外交官は、任国の中で開かれる公式行事や様々なイベントに招待されることが多く、そうした公の場にできるだけ顔を出すことが、仕事の一つではある。

しかしその主な目的は、人脈の開拓と情報収集である。本文でも触れたように、外交官は、日頃から情報源となる人脈を確保しておかなければならないし、いざという時に役立つ人脈も開拓しておかなければならない。そのためには、できるだけ多くの要人や関係者と接触し、顔見知りになっておくに若くはない。公式行事やレセプションなどは、そうした目的のため、格好の環境を提供してくれるのである。

そのために、大使館として自ら行事やイベントを企画して、任国の要人を招待することも、重要な仕事の一つである。大使公邸に食事に招いたり、昼食に誘い出したりすることは日常茶飯事といってよい。そのうちで最大の行事は、どこの大使館にとっても、毎年一回行われる自国のナショナルデイ（独立記念日や建国記念日、国王の誕生日などが多い。日本の場合は、天皇誕生日）のレセプションである。それに誰を招待するか、また、誰が招待に応じて来てくれるかは、大使や大使館員にとって、毎年、頭痛の種となる。日頃の人脈形成の結果が問われることになるからである。

がって、国外情報活動における外務省の役割はきわめて重要と言わざるを得ない。

ところで、以上は、日本が外国の情報を収集することについてであったが、当然外国も日本の情報を収集しており、日本の秘密情報が外国に知られることのないようにすることも重要である。そうした秘密保護、外国のスパイ活動の阻止、防諜のことをカウンターインテリジェンスと言う。

アメリカのCIA、イギリスのMI6（SIS）、フランスのDGSEなどは、インテリジェンスの機関であるが、カウンターインテリジェンスの機関としては、FBI（アメリカ）、MI5（イギリス）、DGSI（フランス）などが知られている。日本では、警察庁と公安調査庁が主にカウンターインテリジェンスの機能を担っているが、二〇〇八年に内閣情報調査室にカウンターインテリジェンス・センターが設置され、この面での体制強化が図られている。

▼参考文献　より深く知りたい人のために

大森義夫『日本のインテリジェンス機関』文藝春秋（文春新書）〔二〇〇五年〕

孫崎享『情報と外交――プロが教える情報マンの鉄則10』PHP研究所〔二〇〇九年〕

中西輝政・小谷賢・落合浩太郎・奥田泰広・金子将史・大原俊一郎・柏原竜一・山添博史『世界のインテリジェンス――21世紀の情報戦争を読む』PHP研究所〔二〇〇七年〕

北岡元『インテリジェンス入門――利益を実現する知識の創造』慶應義塾大学出版会〔二〇〇九年〕

マーク・M・ローエンタール／茂田宏（監訳）『インテリジェンス――機密から政策へ』慶應義塾大学出版会〔二〇一一年〕

▽引用文献

François de Callières,《De la manière de négocier avec les souverains》〔1716〕

第6章　外交と軍事

外交の意義は、国家間における意見や利害の対立に起因する紛争を未然に防止し、もし紛争が起きた場合には、それを平和的に解決することにある。したがって、外交は、国際紛争を武力をもって解決しようとする戦争とは、まったく対称的な、異質の機能である。

それを前提として言えば、国際紛争を解決する方法は、理論的には二つある。一つは、国家を代表する政府間の交渉という平和的方法であり、それこそ外交そのものである。しかし、紛争が外交交渉によって解決しない場合、主権国家が自国の意思を貫き、何としても自国の国益を実現しようとすれば、それを軍事的手段によって相手国に強要するという方法、すなわち戦争という解決方法も排除されない。

❖ 外交官と兵士

一八世紀末～一九世紀初頭のプロイセンの軍人・軍事学者クラウゼヴィッツが言うように、「戦争は一種の強力行為であり、その旨とするところは敵を強要して我が方の意思に従わしめるにある」。また、「戦争は政治的行為であるばかりでなく、政治の道具であり、彼我両国の間の政治的交渉の継続であり、政治におけるとは異なる手段を用いてこの政治的交渉を遂行する行為である」。ここでいう政治は、国際政治すなわち外交を意味するが、「政治的意図が常に目的であり、戦争はその手段に過ぎない」とされ、そこから「戦争は政治におけるとは異なる手段をもってする政治の継続にほかならない」という、よく知られたテーゼが導かれる（クラウゼヴィッツ／篠田〔一九六八〕）。

第**1**章でも述べたように、外交官の仕事と兵士の仕事が似ているとされるのも、このためである。外交官が交渉という手段を使うのに対し、兵士は武器を使うという点で違いがあるものの、両者が目指すところは等しく相手国側の心を変えさせることである。

このことを裏返して言えば、外交官の仕事が失敗すると、最悪の場合、兵士の出番、すなわち戦争となる可能性があるということである。しかし、いったん戦争になった場合でも、その目的達成の度合いに応じて、休戦や講和のための外交交渉が舞台裏で行われ、終戦後はまた新たな外交関係が営まれることになる。また、停戦実現後の平和維持や平和構築のため、国連を中心に様々な外交活動が行われるが、その一環として、国連平和維持軍（ＰＫＦ）が現地に派遣され、停戦監視や武装解除などの任にあたることもある。

このように、外交と軍事とは対称的で異質ではあるものの、相互に密接に関連し、コインの両面のように表裏一体の関係にあるとも言える。そのため、外交官は軍事に対する十分な知識を持っていなければならない。

❖ 外交の失敗としての戦争の可能性

もちろん、戦争になるほどの切迫した状況に陥ることは、幸いなことにそう度々あるわけではない。また、クラウゼヴィッツが『戦争論』を著したのは、一九世紀初頭のナポレオン戦争の時代であって、当時の外交と戦争との関係が、二一世紀の今日にそのまま当てはまるわけでもない。しかし、主権国家間の対立や紛争が、軍事的衝突や武力行使につながるという事例は、イラン・イラク戦争（一九八〇年～八八年）、フォークランド戦争（一九八二年）、第一次湾岸戦争（一九九一年）、アフガニスタン戦争（二〇〇一年）、イラク戦争（第二次湾岸戦争）（二〇〇三年）、南オセチアをめぐるロシア・グルジア戦争（二〇〇八年）などに見られるように最近においても後を絶たず、外交の失敗としての戦争の可能性は、残念ながら今日においても否定しきれない。

ただし、今日においては、国際法上、戦争は一般的に違法とされている。国連憲章第二条は、国連加盟国の行動の原則として、「国際紛争を平和的手段によって国際の平和及び安全並びに正義を危くしないように解決しなければならない」、また、「国際関係において、武力による威嚇又は武力の行使を、いかなる国の領土保全又は政治的独立に対するものも、また、国際連合の目的と両立しない他のいかなる方法によるものも慎まなければならない」と規定し、国家間における武力の行使と武力による威嚇を原則として禁止している。

そのうえで、「平和に対する脅威、平和の破壊又は侵略行為」（同三九条）があった場合には、国連軍が武力行使するという形で集団安全保障が機能することが想定されている（同四二条および四三条）が、国連軍が組織されない場合も、国連の慣行として、安全保障理事会が各国による武力行使を容認する決議を採択するという形で多国籍軍が組織され、国連軍に代わって集団安全保障を担うこととされている。この多国籍軍は、実際にも第一次湾岸戦争やソマリア内戦などの際に組織された。

また、国連加盟国が、「安全保障理事会が国際の平和及び安全の維持に必要な措置をとるまでの間、個別的又は集団的自衛の固有の権利」（同五一条）を行使すること、さらに、安全保障理事会の許可の下で「国際の平和及び安全の維持に関する事項で地域的行動に適当なものを処理するための地域的取極又は地域的機関」（同五二条）が強制行動をとることを認めている。すなわち、国連の集団安全保障体制の下で、国連軍による武力行使のほか、安全保障理事会の決議に基づく多国籍軍による武力行使、個別的・集団的な自衛権の発動に基づく各国による武力行使、地域的取極・機関による武力行使も、国連憲章上、認められている。逆に言えば、これら以外の武力行使は違法ということになる。

しかし、国際法上違法であっても、現実に戦争はなくならない。第一次湾岸戦争は、イラクのクウェート侵攻という明らかな国際法違反が発端であった。一方、アフガニスタン戦争では、九・一一アメリカ同時多発テロ事件に対する個別的・集団的自衛権の行使として武力行使が行われた。また、フランスによるアフリカのマリや中央アフリカへの軍事介入（二〇一三年）のように、国家間の戦争ではなく、内戦中の国の治安回復や住民の保護のため、現地政権指導者の要請や国連安全保障理事会の承認を受けて武力行使が行われたり、一九九九年のコソボ紛争の際のＮＡＴＯのユーゴ空爆のように、同国内におけるアルバニア人への迫害など非人道的行為を阻止するためとして武力行使（人道的介入）が行われたりした例もある。

こうして、良し悪しを別として、現実に今日の世界においても戦争がなくならない以上、各国は決して軍事力を手放せないし、手放さない（図表6－1参照）。自国自身の防衛のためということはもちろん、集団的自衛権に基づき、密接な関係にある他国の防衛のため、そして集団安全保障のため、というのがその理由であるが、いざとなったら各国はその軍事力を使うことを忌避しない。外交が失敗した場合は、その延長上に軍事力の介入があり得るという意味では、クラウゼヴィッツのテーゼは、今日においても正しいと言わざるを得ない。

❖ 軍事力の機能

それでは、軍事力にはどのような機能があるのだろうか。

一般的に軍事力の機能とされているのは、抵抗、抑止、強要の三つである（武田〔二〇〇九〕）。これらは、実際上は重なる面もあり、画然とは区別できないが、理論的には次のような違いがある。

まず、「抵抗」とは典型的な軍事力の防衛の機能であって、自国がある他国から武力による攻撃や軍事的脅威を受けた場合、それに反撃したり抵抗したりして、相手国にできるだけの損害を与え、相手国の攻撃のコストを高める一方、自国の被害を軽減し、自国の領土や国民の生命・財産を守ることである。

次に、「抑止」とはある他国から何らかの敵対行動が想定される場合、あるいは実際にそういう

図表6-1　主要国・地域の兵力一覧（概数）

陸上兵力		海上兵力			航空兵力	
国名など	陸上兵力（万人）	国名など	トン数（万トン）	隻数	国名など	機数
中国	160	米国	613.9	1,030	米国	3,498
インド	113	ロシア	207.0	976	中国	2,582
北朝鮮	102	中国	142.3	892	ロシア	1,555
米国	59	英国	65.6	139	インド	937
パキスタン	55	インド	47.0	212	エジプト	635
韓国	52	フランス	42.0	262	韓国	619
ベトナム	41	インドネシア	24.7	156	北朝鮮	603
トルコ	40	トルコ	23.7	226	台湾	499
ミャンマー	38	スペイン	22.3	161	イスラエル	481
イラン	35	イタリア	20.3	178	パキスタン	443
エジプト	31	台湾	20.1	409	フランス	413
ロシア	29	韓国	19.5	187	トルコ	386
インドネシア	30	ドイツ	19.2	111	イラン	340
タイ	25	ブラジル	17.6	106	英国	323
コロンビア	22	オーストラリア	17.1	96	サウジアラビア	314
日本	14	日本	45.3	139	日本	420

注1）資料は、陸、空については「ミリタリー・バランス（2014）」など、海についてはジェーン年鑑（2013-2014）」などによる。

注2）日本は、平成25年度末における各自衛隊の実勢力を示し、作戦機数は航空自衛隊の作戦機（輸送機を除く）および海上自衛隊の作戦機（固定翼のみ）の合計である。

注3）配列は兵力の大きい順になっている。

〔出典〕平成26年度版防衛白書

行動を相手国がとった場合には、相手国側に耐え難い軍事的報復を行うと威嚇することで、潜在的な敵対行動を未然に防止することである。今日における最大の抑止力となっているのが、核兵器であることは言うまでもない。

この抑止が機能するためには、抑止される側が、自らの敵対行動と相手国側の軍事的報復との間の費用対効果を合理的に計算し評価する能力をもっていることと、抑止する側の威嚇した軍事的報復が確実に実施されるという信憑性、すなわち抑止する側は報復の意思と決意を正確に抑止される側に伝えること、および、威嚇した報復を必ず実施できる軍事力を保持していることが必要とされる。それだけの軍事力を自国のみで持っていない場合は、同盟関係を結んだ国の軍事力によって補完することで抑止力を高めることもある。

軍事的にそれだけの能力を持っていることと、そうした抑止力を働かせるための外交努力、すなわち外交を通じて自国の意思と決意を相手側に確信させることが重要で、その意味で抑止力としての軍事力と外交とは、コインの両面のように表裏一体の関係にあると言える。そうした外交と軍事の両面作戦は、外交戦とも言うべき様相を呈し、外交は抑止力を働かせる手段となる一方、抑止力は外交交渉力を高める手段となる。

第三に、「強要」とはある他国に対し、まだ行っていない何らかの行為をさせたり、逆に、すでに行った行為を止めさせたりするために、軍事力を物理的に行使し実際に損害を与えたり、軍事力で威嚇したりすることである。軍事力による威嚇を通じて、相手国側の行動の変更を要求する行為は「強制外交」または「威嚇外交」と呼ばれ、歴史上の典型的な例として、幕末の日本に来航したペリーの黒船による日本の開国要求のようないわゆる「砲艦外交」を挙げることができる。また、一九六二年のキューバ危機において、アメリカが、ソ連によってキューバ国内に配備されたミサイルを撤去させるために、キューバを海上封鎖しソ連に対し軍事的な威嚇を行ったのも、強制外交の一例である。

これらの場合、軍事力はクラウゼヴィッツ的な意味における外交の強力な手段となるが、今日では、上述のとおり、国際法上一定の例外を除き、武力行使や武力による威嚇は原則として禁止されているので、国際紛争を解決するため、こうした強制外交の手法をとることは、違法と考えられる。しかし逆に、違法な平和破壊行為を行う国家があった場合には、その国家にそうした行為を止めさせるために、この「強要」という軍事力の機能が活用され、安全保障理事会の決議に基づく多国籍軍による武力行使や、個別的・集団的な自衛権の発動に基づく各国による武力行使が行われる。第一次湾岸戦争は前者の例であるし、アフガニスタン戦争は後者の例である。

以上は軍事力の本来の機能であるが、それに加え軍事組織には、特有の兵站能力を活用した、民生支援の機能がある（武田〔二〇〇九〕）。軍事組織が持っている兵站能力とは、あらゆる環境のもとで補給・輸送・連絡を保ちながら、一定期間自給自足的に現地に展開・駐留することのできる能力のことであるが、それを活用すれば、紛争地域や大規模災害の地域において、食料や人道物資の輸送、緊急医療、救援活動、インフラ整備などを、迅速かつ機動的に実施することができる。この機能は国連平和維持活動（ＰＫＯ）においてもおおいに活用され、平和維持や平和構築のための活動に役立ってきた。また最近の国連ＰＫＯにおいては、複合型・多機能型の統合ミッションとして、国づくり支援や人道支援・開発支援を専門とする他の国連機関等との連携、ＮＧＯとの協力などが重視されており、その面でＰＫＯ部隊の民生支援の機能が大きな力を発揮している。

❖ 日本の場合

一般的にこれらの機能が軍事力にあるとして、日本の場合はどうかといえば、日本は自衛隊という実力組織を有しており、これは実質的には軍事力である。その意味で、外交と表裏一体をなす軍事力の機能も、主権国家たる日本としては一応持っているということになる。

しかし、日本国憲法第九条に、「日本国民は、正義と秩序を基調とする国際平和を誠実に希求し、国権の発動たる戦争と、武力による威嚇又は武力の行使は、国際紛争を解決する手段としては、永久にこれを放棄する」と明確に規定されているとおり、日本は、国際紛争を解決する手段としての戦争、すなわちクラウゼヴィッツ的な意味での政治（外交）の手段ないし継続としての戦争は、憲法上できないと考えられる。ここで禁止されているのは、単なる「国権の発動たる戦争」や「武力の行使」にとどまらず、「武力による威嚇」まで及んでおり、その意味で上述の国連憲章第二条の趣旨とも合致している。

このため、日本は平和国家として、国際紛争にあたっては、あくまでも外交交渉による解決を目指さなければならず、上述の「強要」という機能を行使することはできない。自衛隊の本来の機能は、自国の防衛すなわち「抵抗」に限られ、「抑止」は基本的に同盟国であるアメリカの軍事力に依存するというのが、日米安全保障体制の根幹となっている。

一方、自衛隊の持つ民生支援の機能は、以前から国内における災害派遣において発揮されてきたが、一九九二年に国際平和協力法が施行されてからは、国連平和維持活動や人道的な国際救援活動に対する協力のために、積極的に活用されるようになっている。

▼参考文献　より深く知りたい人のために

防衛大学校安全保障学研究会『安全保障学入門』亜紀書房〔二〇〇九年〕

ポール・ゴードン・ローレン／ゴードン・A・クレイグ／アレキサンダー・L・ジョージ／木村修三・滝田賢治・五味俊樹・高杉忠明・村田晃嗣（訳）『軍事力と現代外交――現代における外交的課題』有斐閣〔二〇〇九年〕

▽引用文献

クラウゼヴィッツ／篠田英雄（訳）『戦争論』岩波書店（岩波文庫）〔一九六八年〕

武田康裕「軍事力と安全保障」防衛大学校安全保障学研究会『安全保障学入門』亜紀書房〔二〇〇九年〕

第7章 ソフトパワーとパブリック・ディプロマシー

外交官が外交交渉を通じて相手国側の心を変えさせることに失敗した場合、最後の手段として、兵士の出番、すなわち軍事力の行使（ないし威嚇）となる可能性があることは、前章で述べたとおりであるが、そうした危険な事態になることは絶対に避けなければならない。その認識については、ごく一部の偏狭な考え方をもつ人々を除けば、どの国の指導者も国民も共通していることであろう。それにもかかわらず、各国が軍事力を保有することまでは否定されていないのは、軍事力が、前章で紹介したような機能を持つことで、大きな「パワー」となっているからである。

❖ ハードパワーとソフトパワー

歴史上、外交関係は「パワー」によって大きく左右されてきたと言ってよい。基本的に、それは今日においても変わらない。「パワー」のある国が他国との関係で優位に立つし、影響力を行使することができる。好例はアメリカである。

それでは「パワー」とは何か。一般的には「パワー」とは、人や物事を支配する能力のことを指し、国際政治上は、第**1**章でも紹介したように、「権力」と同義である。

図表7－1　力の形態

	ハード	ソフト
行動の種類	支配力 ◀— 強制 — 誘導 —	課題設定 — 魅力 —▶ 吸引力
関連性の高い源泉	軍事力 制裁　報酬支払 賄賂	制度　価値観 文化 政策

〔出典〕ナイ〔2004〕

物理の世界で、静止している物体を押すと動くのは、押すという力（パワー）が働いているからであるが、社会、すなわち人間関係の世界でも、同じようなことが言える。例えば、親は子どもに勉強させたいのに子どもは勉強せずサッカーばかりしているというときに、親は子どもにサッカーを止めさせ、勉強させることができる。どうすればできるかと言えば、親は子どもに叱るなどして罰を与えるか、おもちゃを買って与えるなどの褒美をあげることによって、子どもの心を変えさせるのである。このことによって親子間には、一種の権力関係が成り立っている。

国際政治の世界においても似たような関係が国家間にあり、「パワー」が介在する。国家間に作用する「パワー」とは、他国に何らかの働きかけをして、その働きかけがなければしなかったであろうことをさせる能力、例えば自国の意見を他国が無視・軽視したり、自国の利益（国益）に反する行動を他国がとったりしたときに、そうした他国の考え方や行動を変えさせ、自国が望む結果になるようにする力のことである。

ジョセフ・ナイによれば、こうした「パワー」には「ハードパワー」と「ソフトパワー」がある（図表7－1参照）。

図表7－2　3種類の力

	行　動	主要な手段	政府の政策
軍事力	強制 抑止 保護	威嚇 軍事力	威嚇外交 戦争 同盟
経済力	誘導 強制	報酬支払 制裁	援助 賄賂 制裁
ソフトパワー	魅力 課題設定	価値観 文化 政策 制度	広報外交 二国間・多国間の外交

〔出典〕ナイ〔2004〕

まずハードパワーとは、強制や誘導（いわば「鞭」と「飴」）などによって相手を支配する力のことである。先ほどの親子間の権力関係に即して言えば、親は子どもに対して、叱る、罰を与えるという「鞭」と、おもちゃを買ってあげるなどという「飴」を手段として使うことによって、親としての望む結果を実現する。このことは、親が子どもに対してハードパワーを行使しているということを意味する。そのハードパワーの源泉になっているのは、親を怒らせたら怖いと子どもに思わせるだけの実力（鞭）と、おもちゃを買えるだけの経済力（飴）である。

国家間の関係では、前者の実力（鞭）にあたるのが軍事力であり、報酬（飴）を与えることのできる経済力とともに、ハードパワーとされる。言い換えれば、軍事力は軍事的手段を強制のために使い、経済力は経済的手段を誘導のために使い、他国の行動に直接的に作用させるハードパワーである（図表7－2参照）。

いずれも、そうでもしなければ他国の行動は変えられないという状況が想定されており、他国には他国の選好（指導者や国民の考え方・心）があって、主権国家として、それを自ら変えることはないということが前提とされている。

しかし、他国の選好（考え方・心）は、絶対に変わらないものではない。先ほどの親子関係の例で言えば、親が勉強しろと頭ごなしに言うような人ではなく、子どもが親の仕事や社会での活躍などを見ていて親を尊敬するようになり、自分も親のように立派な人間になりたいと憧れるような人であったらどうだろうか。子どもはそういう親の姿を見て同じような立派な人間になりたいと考え、サッカーをほどほどにして自発的に勉強するようになるということが起こり得る。その結果、親は、叱ったり、おもちゃを買ったりする必要はない。この場合、いつの間にか、子どもが親の選好（考え方・心）を真似るようになっていて、親の思うように子ども自身が行動するようになる。親は自分自身の行いによって、子どもを感化し、親が望むような結果を子ども自身が望むようにしている。

これと同じように、自国が望む結果を他国も望むようにする力、すなわち、他国を無理やり従わせるのではなく、自国の望むことを他国も望むようにさせることによって味方につけ、望ましい結果を得ることのできる能力を、ナイは「ソフトパワー」と呼んで、「ハードパワー」と区別した。他国の選好（考え方・心）を強制や誘導（鞭と飴）によって無理やり変えさせようとするのがハードパワーであるとすれば、他国の選好（考え方・心）を自らの魅力によって自然に変えさせる（相手側が自発的に変わるようにする）のがソフトパワーである。

つまり、ソフトパワーとは、他国が、自国の選好と一致するような選好を持つようになり、自国の国益と一致するように国益を定義するようになる状況を作り上げる能力のことである。

その源泉となるのは、他国を惹きつける力である。

❀外交アラカルト——日本のソフトパワー

日本のソフトパワーの源泉となるのは何であろうか。本文に挙げた三種類の源泉に即して考えると次のようなものが浮かぶ。

文化的な魅力
・伝統文化：茶道、華道、古典芸能（能、歌舞伎）、和食、武道など
・ポップカルチャー：マンガ、アニメ、JPOP、ファッションなど
・文学、映画、音楽、美術、建築などの優れた作品

政治的・社会的な価値観や制度
・基本的人権の尊重、民主主義、法の支配
・戦後の経済発展（優れた科学技術、環境と調和のとれた産業・社会）
・社会の安定・成熟度（東日本大震災後の国民の対応・行動）
・教育の重視
・国民性（勤勉、誠実、礼儀正しい、能率的・計画的、時間遵守）

外交政策
・平和主義
・国際法の遵守
・軍縮・不拡散への取組み
・人間の安全保障の推進
・非核三原則
・ODA

その第一は、文化的な魅力であり、その文化に具現される社会や個人の営みや活動が、他国の人々から見ても優れていて豊かであると思われることである。そのような文化を持つ国は尊敬と憧憬の対象となり、他国も自らそれと同じ行動をとろうとするであろう。

第二は、政治的・社会的な価値観や制度である。自国のそれが普遍的で正統性があると思われる場合には、他国の指導者や国民も自然にそれに同調し、自国と同じような選好（考え方・心）を持つようになる可能性が高い。

そして第三は、外交政策である。平和と人権を推進し、国際機関や他国とも協調しながら、世界全体の繁栄を図るような政策を行っている国には、自ずから共感や賛同が集まり、他国に大きな影響力を持つことができる。逆に、偏狭な自国中心主義で、独善的・偽善的な外交政策をとるような国には、ソフトパワーはない。

❖ パブリック・ディプロマシー――広報文化外交の新たな形

このようなソフトパワーを、実際の外交的な影響力に転換させるために行われる外交活動を「パブリック・ディプロマシー」と呼ぶ。

外交とは本来、政府間で行われるものであり、その意味で外交の対象は相手国政府ということになるが、パブリック・ディプロマシーは、広報や文化交流を通じて、相手国の国民や国際世論に直接働きかける外交活動のことである。日本語では「広報文化外交」と訳されることが多く、フランス外務省が好んで使う「影響力外交」という言葉とも重なる部分が多い。

パブリック・ディプロマシーという概念が知られるようになったのは一九九〇年代後半以降のことであるが、九・一一同時多発テロ事件以降、アメリカが国際世論への働きかけを重視するようになってから、アメリカ国内のみならず国際的にも広く注目を集めるようになった。日本の外務省も、従来から行ってきた海外広報活動や文化交流事業を、改めてパブリック・ディプロマシーとして戦略的外交の一環と位置づけ、積極的に展開している。

その活動類型としては、短期的な効果を狙うものと、中長期的な効果を狙うものとに分類することができる。

前者は、政策広報としての情報発信で、重要な外交政策について自国政府の立場や主張を発信し、相手国国民や国際社会からの理解を得ようとするものである。また、国際会議におけるルール・メイキングやアジェンダ・セッティングで主導権を握ることを狙いとするものもある。手法としては、各国に置かれた大使館が中心となり、大使などのメディアへの出演や寄稿、講演から、知識人・オピニオンリーダーへのレター、インターネットやSNSでの発信に至るまで、あらゆる手段を駆使して、政策広報としての情報発信が行われる。また本国においても、広報資料の作成・頒布、記者会見やプレスリリースなどを通じて外国メディアへの発信が行われる。このほか、国際放送やインターネット、SNSなども重要なツールである。

後者は、長い目で自国への好感度や信頼感を育もうとする国際文化交流活動で、自国文化・芸術の紹介、自国言語教育の奨励、国民同士の人的交流、青少年交流、芸術交流、研究学術交流などが行われる。こうした活動や交流を通じて、国民同士の親近感が高まれば、ソフトパワーもおおいに

❀外交アラカルト――パブリック・ディプロマシーの担い手

日本におけるパブリック・ディプロマシーの主な担い手は、外務省（本省および在外公館）と国際交流基金である。

外務省は、広報文化交流政策の企画・立案をするという立場から、政策広報、日本事情紹介、招へい事業、在外公館文化事業、国際文化協力、国際交流基金の監督・活用、在外公館文化事業等を行っている。

国際交流基金は、世界の全地域において総合的に国際文化交流事業を実施する日本で唯一の組織（独立行政法人）で、海外二一か国に二二の拠点を設置し、海外での日本語普及、文化芸術交流、日本研究・知的交流などの事業を行っている。

他の主要国における同様の組織としては、イギリスのブリティッシュ・カウンシル、ドイツのゲーテ・インスティトゥート、フランスのアンスティチュ・フランセとアリアンス・フランセーズなどがある。

なお、各国のパブリック・ディプロマシー関連予算は図表7－3のとおりである（ただし、パブリック・ディプロマシーの定義は統一されておらず、予算の内訳も各国ごとに異なっているため、厳密な比較とはなっていない）。

高まることが期待される。

しかし、パブリック・ディプロマシーを通じて、ソフトパワーを高めるということには自ずから限界がある。

まず政策広報の面では、パブリック・ディプロマシーを通じて相手側の理解や共感を得ようとする場合、宣伝の意図が見え透いているようであれば相手側はそれをプロパガンダと捉え、理解も共

図表7－3　主要国のパブリック・ディプロマシー関連予算

	予算額	内　訳
日　本	199億円 【2014年度】	外務省の広報文化外交関連予算（外務報道官・広報文化組織予算、分担金（ユネスコ）、拠出金（国連大学等）、国際交流基金運営費交付金の合計額）
アメリカ	約11.7億ドル （約1,205億円、1ドル＝103円換算） 【2013年度】	国務省のパブリック・ディプロマシー関連予算 （出典：米国国務省 HP）
イギリス	約5億ポンド （約625億円、1ポンド＝125円換算） 【2012年度】	パブリック・ディプロマシーを担当する外務省コミュニケーション局の関連予算 （出典：同局に対する照会）
ドイツ	約7億8,500万ユーロ （約1,099億円、1ユーロ＝140円換算） 【2012年度】	外務省文化・教育関連予算 （出典：ドイツ外務省ＨＰ「対外文化・教育政策に関するドイツ連邦政府報告書」）

〔出典〕外務省資料を基に筆者作成

感もしない。むしろ逆効果になることが多い。また、魅力や価値観をイメージのみで訴え、そのイメージの元となる実体が伴わないと、本当の理解や共感は得られない。

次に国際文化交流活動の面では、パブリック・ディプロマシーを通じて自国への好感度や信頼感を育むには相当な時間がかかる。また、ソフトパワーというのは軍事力や経済力と異なり定量的に捕捉することができないので、パブリック・ディプロマシーの効果を立証することが困難であり、不確実性が伴う。

こうした限界はあるものの、相手国の国民や国際世論に直接働きかけるパブリック・ディプロマシーが、今後ますます重要になってくることは間違いない。その背景には、市民社会の台頭と情報技術の進展による情報空間の変容がある。国際政治に市民社会が幅広く関与し、情報が大量かつ瞬時に伝えられるようになった今日、国際世論の動向は、世界を変える力を持つ。外交が一握りの指導者や外交官の間だけで進められる時代はとうに終わっている。

▼参考文献　より深く知りたい人のために

ジョセフ・S・ナイ／山岡洋一（訳）『ソフト・パワー——21世紀国際政治を制する見えざる力』日本経済新聞出版社〔二〇〇四年〕

金子将史・北野充『パブリック・ディプロマシー——「世論の時代」の外交戦略』PHP研究所〔二〇〇七年〕

第8章　外務省

どこの国にも、外交を担当する政府機関がある。日本の場合、第**4**章で説明したとおり、外交に関する権限は内閣にあるとされるが、その中でも特に外務省に外交に関する中心的な役割と権限が認められている。

その権限の根拠として外務省設置法があり、同法第三条および第四条は次のとおり規定している。

【外務省設置法】
第三条　外務省は、平和で安全な国際社会の維持に寄与するとともに主体的かつ積極的な取組を通じて良好な国際環境の整備を図ること並びに調和ある対外関係を維持し発展させつつ、国際社会における日本国及び日本国民の利益の増進を図ることを任務とする。
第四条　外務省は、前条の任務を達成するため、次に掲げる事務をつかさどる。
一　次のイからニまでに掲げる事項その他の事項に係る外交政策に関すること。
イ　日本国の安全保障
ロ　対外経済関係
ハ　経済協力

二　文化その他の分野における国際交流
二　日本国政府を代表して行う外国政府との交渉及び協力その他外国に関する政務の処理に関すること。
三　日本国政府を代表して行う国際連合その他の国際機関及び国際会議その他国際協調の枠組みへの参加並びに国際機関等との協力に関すること。
四　条約その他の国際約束の締結に関すること。
《略》

それと同時に、外務省以外の政府機関（省庁）にも対外関係に関し一定の役割と権限が認められている。例えば経済産業省には、経済産業省設置法に基づき、左記のとおり、通商（貿易）、通商経済上の国際協力（経済協力を含む）など経済面での対外関係・政策に関する役割と権限が認められている。

【経済産業省設置法】
第三条　経済産業省は、民間の経済活力の向上及び対外経済関係の円滑な発展を中心とする経済及び産業の発展並びに鉱物資源及びエネルギーの安定的かつ効率的な供給の確保を図ることを任務とする。
第四条　経済産業省は、前条の任務を達成するため、次に掲げる事務をつかさどる。
《略》
十二　通商に関する政策及び手続に関すること。
十三　通商に関する協定又は取決めの実施（通商経済上の経済協力に係るものを含む。）に関すること。
十四　通商経済上の国際協力（経済協力を含む。）に関すること。

十五　輸出及び輸入の増進、改善及び調整に関すること。
十六　通商政策上の関税に関する事務その他の関税に関する事務のうち所掌に係るものに関すること。
十七　通商に伴う外国為替の管理及び調整に関すること。
十八　貿易保険に関すること。
《略》

これと同じように、財務省（国際金融）、農林水産省（農産物貿易）、国土交通省（運輸、航空）、厚生労働省（医療協力・交流、外国人労働者問題）、文部科学省（科学技術交流、教育交流）、環境省（地球環境問題）、防衛省（安保協力、軍事交流）などにも、対外関係に関し一定の役割と権限が認められており、それは各省庁の設置法でそれぞれ規定されている。

❖ 外務省と他省庁との関係

こうしたことには、一見なんの矛盾もないように見えるが、各省庁設置法の規定する各省庁の権限領域には重複があり、しばしば関係省庁間で権限の競合が生じる。例えば、外務省設置法第四条第一項ロの定める「対外経済関係」は、経済産業省設置法第四条の定める経済産業省の権限の領域と重複する。このため、両省の間で権限が競合し、どちらが主たる権限、あるいは最終的な決定権を握っているのか判然としない（第**4**章の**図表4－4**で示した「外交関係（政策）」と「対外関係（政策）」の間のグレイゾーン）ことが多い。

そういう場合の現実的な解決策は、外務省と経済産業省との間で協議・調整を行うことであるが、お互いの権限をどこまで認め合うかをめぐって、しばしば熾烈な争いが繰り広げられる。外務省は、国内省庁はそれぞれの「省益」を代表するだけなので、外国との交渉におけるのと同様、政策決定においても「国益」を代表する外務省が主導権をとるべきとの立場であるのに対し、国内省庁は、外務省は外国との関係を友好に保つという「省益」を代表しているだけなので、国内の利益を優先させる自分たちこそ、主導権をとるべきとの立場である。

こうした対立は、例えば、外交交渉や国際会議における日本政府の対処方針を決めるというような状況の中で、具体的な権限争いとなって現れる。最終的には内閣としての政治決定が大臣レベルないし官房長官・総理大臣レベルで下されるが、そこまで行くことは少なく、多くの場合、どちらが主導権を取るかは、関係省庁の間の力関係や政治力、その問題自体の重要性やそのときの政治状況、国際情勢によってケースバイケースで決まる。

かつて、環境問題やテロ対策などは技術的・専門的な問題で、それぞれの担当省庁で対応していれば済んでいたが、今や大きくクローズアップされ、外交上の重要問題となってきたので、外務省が積極的に関与するようになっている。実際の外交交渉や国際会議においては、外務省を含む複数の省庁が一緒に参加する場合は、外務省の代表者（大臣、副大臣、政務官、外務省幹部など）が交渉団の首席代表となることが通例となっている。首席代表とならない場合も、副代表ないし代表の補佐役として参加することが多い。

❖ 外交の一元化

このように、国際社会が相互依存関係を深め、グローバリゼーションが進行してきた中で、外交の関与する領域、外交が重要な役割を果たす局面は、格段に増えてきている。それと同時に、「対外関係」の領域もどんどん広がってきた。そういう中で、外務省の役割とは何であろうか。

「外交関係」を統一的に外務省が仕切るべきだということについては、戦後の日本において、基本原則として認められている。すなわち、外交政策の企画・立案は外務省が行うこととされ、外務省は政策決定のプロセスに主体的に関与する。関係省庁との協議・調整も外務省が中心となって行い、その結果、内閣としての政策が決定される。

これを「外交の一元化」という。これは、戦前、軍部が独走して、ドイツとの枢軸関係の結成、中国大陸への侵略など、外務省を無視した二重外交、二元外交を行い、その結果、国際社会からの信頼を失い、軍国主義の下で無謀な戦争へと突き進んでしまったという反省から、戦後、外交の基本原則とされているものである。

しかし、日本の国際化、日本の関わる国際問題の増加・多様化・専門化、グローバリゼーションの進行、複合的相互依存関係の深化に伴い、国際問題と国内問題とが峻別できないほど密接に絡み合い、渾然一体となってきている。その結果、基本的には国内問題に関わる省庁も、その政策の延長として国際問題に関わらざるを得ず、第**4**章で紹介した「対外関係（政策）」という領域が拡大してきた。

そこで問題となるのは、対外政策において、異なる省庁の間の政策や意見の違いをどう調整するかという問題である。各省庁の所掌分野や権限、国内基盤、目指す方向などが異なるのであるから、意見や政策の違いは当然生じ得る。国内政策でもそうであるし、対外政策においてもそうである。

しかし、各省庁がばらばらに自分の所掌分野について勝手に政策を決め、外国と交渉を進めると、関係する一部の業界や一部の人々の利益のためにはなるかもしれないが、国民や国家という全体的な利益、すなわち国益のためになるとは限らない。例えば、TPPに対する考え方の異なる経済産業省（積極的）と農林水産省（消極的）との間で、異なった対応を対外的にとり、日本の立場が乱れているというようなことが出てくれば、交渉において相手方から足元を見られることになる。すなわち、手の内や弱みなどを掴まれ、それに付けこまれることになり、国益を害する結果となりかねない。

そうした事態を避け、総合的、長期的な視野から全体的な国益を考えて日本政府の政策を調整し、内閣としての統一的な対応をとるということがきわめて重要である。これが外交の一元化ということであり、これを担うのが外務省の最も重要な役割である。外務省は、このことを通じ、外交政策と国内政策を有機的に結びつけ、両者の間の調和を図りながら、対外的には自らが窓口となって交渉を仕切り、相手国との調和ある解決策をもたらすことが期待されているのである。

❖ 外務省の役割

外務省は、このほかにも、情報収集・分析や広報・文化面でも、重要な役割を果たさなければならない。外交政策の実施という面でも、外務省の果たさなければならない役割は多岐にわたる。これらの役割は、本国における場合と外国における場合とで異なった形をとる。組織的にも外務省は、本国における外務省（本省と呼ばれる）と外国に置かれた大使館などの在外公館とに大きく二分される。

写真1　外務省

（外務省提供）

本省の基本的な位置づけは、日本の外交の司令塔であるということである。これまで説明してきたとおり、外交政策の企画・立案から決定に至るまで中心的な役割を果たすという意味でもそうであるし、その執行にあたり大使館などの在外公館に指示や指令（訓令と呼ばれる）を与えるという意味でもそうである。具体的には、本省は次のような仕事を日常的に行っている。

まず、情報の集約と評価である。第**5**章でも説明したとおり、情報は外交の基本である。外交政策の企画・立案にあたり必要な情報は、世界各国に置かれた在外公館で収集され、分析を含めて本省に専用回線の電信（公電と呼ばれる）で報告される。それを外交政策に活かすことが、本省の役割である。本省には、様々な世界の地域や国々を担当する局や課（地域局・地域課と呼ばれる）が設置されており、それらの地域局・地域課を中心に、各地域・各国に関する情報が集約・評価される。また、地域や国に限定されない全世界的な問題や、多国間の枠組みで取り組まれている課題などについても、関係する在外公館から情報が報告され、それらの事項を担当する部局（機能局と呼ばれる）で集約・評価される。

そうした情報が外務省内ないし政府内で必要に応じ共有され（重要な情報は首相や官房長官にも報告される）、政府としての政策決定に資するものとなる。大使館などから送られてくる報告の公電は、各課単位で見ても日々数十件以上で、全体としては膨大な数にのぼる。これらのすべてに目を通すことが、本省における担当官の仕事の基本となる。

そのうえで、こうした情報を踏まえ、外交政策決定のプロセスを主導していくことが、本省の最大の役割である。決定そのものは、単に決めるだけのことであるが、そこに至るまでの国内調整のプロセスは、第**4**章で説明したとおり、関係者の対立する利害や国民の多様な意見の調整を含む、複雑な方程式となることが多い。そうして決められた政策は、本省からの訓令（正式には外務大臣の訓令）として公電で、関係の大使館や、国際会議における日本政府代表団などに伝えられ、執行される。同様に、外交政策を国内外に広報し、国民や関係者、国際社会からの支持や理解を得るようにすることも、本省の重要な役割である。このため、本省では政策に応じて政府声明、談話、コメント、プレスリリースなどの広報文書が作成され、公表される。外務大臣や報道官などの記者会見で発表されることも多い。

これらの仕事は、外務省の担当している分野のすべてに及び、あらゆる次元の政策決定に関わる。変化する国際環境や政治状況によって、あるいは、時間の経過によって、対応を迫られる局面も常に変化する。そのため、情報→政策決定→執行という一連のプロセスの司令塔としての本省の仕事も尽きることがない。この点に、本省の担当官のエネルギーの大半が注がれるといっても過言ではない。

以上のような外交政策の内容(第**2**章で紹介した「サブ」)に関わる仕事に加え、その枠組みに関わる「ロジ」の仕事も本省の重要な役割である。定期的に開かれる二国間協議や、多国間で行われる国際会議などが外交関係の動くきっかけとなることも多いが、大統領や首相などの首脳が外国を訪問し、相手国のカウンターパートと会談を行うことも、関係進展の大きな政治的・外交的モメンタムとなる。したがって、外国政府要人の日本訪問を受け入れたり、国際会議を日本に誘致して主催したりすることは、それだけでも外交上、大きなメリットがある。そのうえ、交渉や会議におけるサブの面でも、ホスト国や議長国として主導権を握って議事を進めることができるという効能もある。

そのためには、ホストとして、ロジ(会議場の設営、宿舎の手配、空路・陸路の輸送手段の確保、警備、関連行事の企画・実施など、交渉や会議を実際に実施するにあたって必要なすべての物理的な準備事項)を滞りなく遂行する必要がある。ロジについては、相手国大使館との共同作業となるが、それだけでなく、警察庁(警備)、国土交通省(空港)、防衛省(要人輸送)などの国内関係省庁を始め多くの関係者・業者が関わる準備の全体を調整し、実行に移していくことが、本省の重要な役割となる。会議外交や訪問外交の成否は、そうしたロジ能力に係っているとも言える。

❖ 外務省（本省）の組織・機構

こうした役割に応じ、本省には様々な部局が設置されている。

その中で最も外務省らしい部局と言えるのは、先ほど紹介した地域局・地域課である。アジア大洋州局、北米局、中南米局、欧州局、中東アフリカ局など、世界のすべての地域をカバーした地域局があり、各局の下に、例えばアジア大洋州局の下に北東アジア課（韓国・北朝鮮担当）、中国・モンゴル第一課・第二課、大洋州課（オーストラリア、ニュージーランド、太平洋の島嶼国などを担当）、南東アジア第一課（ベトナム、カンボジア、タイなどを担当）、南東アジア第二課（インドネシア、シンガポール、マレーシアなどを担当）、南西アジア課（インド、パキスタン、スリランカなどを担当）など、より小さな単位の地域や国々を担当する地域課が置かれている。こうした地域局・地域課は、それぞれの担当する地域や国々との関係で、外務省側の一義的な窓口となるとともに、外務省における主管局・主管課として、上述のサブとロジの仕事を自ら担い、また必要に応じ外務省内、関係省庁間、政府内、国内関係機関間の総合調整を行う。これらの地域局は、図表8－1が示すように、世界のすべての地域を言わば縦割りに分掌している。

一方、上述のとおり、こうした地域や国に限定されない全世界的な問題や、多国間の枠組みで取り組まれている課題が、グローバリゼーションの進展に伴い増大してきたことに対応して、本省には、図表8－2が示すように、地域横断的な事項別担当の部局（機能局）が設置されている。

外務報道官・広報文化組織は、報道、国際報道、広報文化外交戦略、国内広報、文化交流・海外

図表8－1　地域局

中東アフリカ局	欧州局	中南米局	北米局	アジア大洋州局

図表8－2　機能局

外務報道官・広報文化組織
総合外交政策局
軍縮不拡散・科学部
経済局
国際協力局
地球規模課題審議官組織
国際法局
領事局
国際情報統括官組織

広報、国際文化協力、人物交流などを担当している。

総合外交政策局は、全省的な外交政策の総合調整を行うほか、安全保障政策、国際安全・治安対策協力、国際平和協力、海上安全保障政策、宇宙、国連との関係、人権人道なども担当している。

軍縮不拡散・科学部は、軍備管理軍縮、生物・化学兵器禁止条約、不拡散・科学原子力、国際科学協力、国際原子力協力などを担当している。

経済局は、国際経済、欧州連合経済、経済協力開発機構、国際貿易、サービス貿易、世界貿易機関紛争処理、経済連携、経済安全保障などを担当している。

国際協力局は、開発協力、民間援助連携、緊急・人道支援、国別開発協力などを担当している。

地球規模課題審議官組織は、地球規模課題、専門機関、地球環境、気候変動などを担当している。

国際法局は、国際法、海洋、条約、経済条約、社会条約などを担当している。

領事局は、領事サービス、ハーグ条約、海外邦人安全、

図表８－３　地域局と機能局のクロスチェック

地域局／機能局	アジア大洋州局	北米局	中南米局	欧州局	中東アフリカ局
外務報道官・広報文化組織					
総合外交政策局					
軍縮不拡散・科学部					
経済局		B国との経済関係			
国際協力局					A国に対するODA
地球規模課題審議官組織					
国際法局					
領事局					
国際情報統括官組織					

邦人テロ対策、邦人援護、旅券、外国人などを担当している。

国際情報統括官組織は、国際情報、情報分析など、インテリジェンスを担当している。

このほかに、外務省全体の組織（機構・予算・人事など）や行政事務（文書管理・通信など）を総合的に調整する大臣官房、外国からの賓客や在日外交団の接遇などを担当する儀典官組織などもある。

こうした様々な担当分野に応じて、それぞれを所掌する課や室が設置されている。これらの組織は、関係する国内省庁とも連携し協議・調整しながら、担当する分野における外交政策を企画・立案している。

外務省全体として見れば、世界を地域ごとの縦割りで分ける地域局と、様々な事項を横割りで分ける機能局が、図表8－3で示すようにマトリックス状に組み合わされ、それぞれの立場からの政策をクロスチェックするという体制になっている。

例えば、アフリカのA国に対するODA政策をどうするかという場合、A国を担当する地域局（中東アフリカ局）は、A国との関係をどうするかという観点を中心に考える一方、ODAを担当する機能局（国際協力局）は、全般的なODA政策の中でどう位置づけるかという観点を中心に考える。また、北米のB国との経済関係をどうするかという場合、B国を担当する地域局（北米局）は、B国との関係をどうするかという観点を中心に考える一方、経済を担当する機能局（経済局）は、広く国際経済と日本との関係の中でどう位置づけるかという観点を中心に考える。

こうした両者の間で政策調整が行われることによって、外務省全体の政策としての整合性が確保されるという仕組みである。縦割りになった地域局と横割りになった機能局の交差する部分で、相互間の政策調整が行われ、外務省としての政策が決定されるのである。

❖ 在外公館の役割

以上のように、本省が日本外交の司令塔だとすれば、大使館などの在外公館はその出先であり、日本が外交を行ううえでの海外における拠点である。大使館は基本的に各国の首都に置かれ、その

写真２　在ドイツ日本大使館

（外務省提供）

国に対し日本を代表する。そのほかの在外公館としては、世界の主要都市に置かれ、その地方に在留する日本人の保護などにあたる総領事館、および国際機関に対して日本政府を代表する政府代表部がある。世界には、二〇〇ヶ所以上に及ぶこうした日本の在外公館のネットワークが張りめぐらされ、約三、五〇〇人の外交官が各地の在外公館に配置されている。

大使館の最も基本的で重要な役割は、派遣先の相手国（任国と呼ばれる）の政治・経済・社会情勢を観察し、情報を収集して、分析を加え、本省に公電で報告することである。大使を筆頭として、大使館に勤める外交官たちは、そうした情報を収集するため、任国政府の要人を始め、様々な現地有力者や関係者との人脈を作り、公開情報からだけでは得られえない任国の実情や政府の真意などを探る。大使館は、第**5**章で説明した国家のインテリジェンス活動の最前線を担っているといっても過言ではない。

同じく大使館の重要な役割は、自国と任国との政府間接触の窓口となることである。司令塔である本省からは、上述のとおり外交政策の執行のため様々な指示や指令が大臣の訓令という形で送られてくる。その中味は、交渉に関する要求であったり、政策協調への働きかけであったり、共同行動の申し入れであったり、自国政府の政策の通報とそれに対する支持要請であったり、国際情勢に関する情報・意見交換などである。

公式の交渉は、本国から政府代表団が来て行うことが多くなってきたが、そうでない限り、大使館は自らが日本政府の代表として任国政府と交渉を行わなければならない。特に大使館は、本国政府代表団同士による本交渉の地ならしや根回しの役割を担うことが多い（第2章参照）。相手側は、案件により、任国の外務省であったり、他の政府機関（省庁）であったりするし、政府首脳レベルであったり、事務レベルであったりする。それに応じて、大使館側のレベルも大使であったり、その他の外交官であったりする。任国で行われる多国間の国際会議に日本から代表団が来ない場合も、現地の大使館は日本政府の代表として会議に参加する。

こうした情報収集や任国政府との接触を通じて、任国と自国との関係について最もよく精通し、最も高い当事者能力を持っている大使館は、本国政府（本省）に対し、任国との関係をどう進めるべきかについて意見具申をする役割が期待されている。意見具申は定期的に行われる場合もあれば、折に触れ必要に応じて行われる場合もある。

訪問外交にあたっては、上述の本省の場合の裏返しで、大使館は、日本の首相や外務大臣などの政府要人が外国を訪問する際に現地でロジを担当する。その際、大使館はホストたる任国側担当部局との共同作業としてロジの準備を行う。とは言うものの、国によっては慣習や行動様式が異なり、ロジ能力の低い国もあったりするので、日本大使館がロジの多くを自ら担うというケースも少なくない。いずれにせよ、ロジの成否が訪問外交の成否を左右するということは、上述の本省の場合と同じである。

大使館の接触の相手は任国政府関係者にとどまらない。国と国、国民と国民の間には幅広い政治・経済・社会・文化面での関係や交流が営まれており、政府間の接触・交流はそのごく一部にすぎない。大使館は、こうした関係・交流のすべてに関わることはできないが、後押しをすることはできる。むしろ、積極的に支援しなければならない。そのため、日頃から、任国の民間の有力者や関係者との間で良好で友好的な関係を築いておくことが大事である。そうした人脈がいざという時に役立つし、自国と任国の国民同士の関係を深めるきっかけともなる。

それだけでなく、そもそも第**7**章でも触れたとおり、パブリック・ディプロマシーとして、任国国民への直接的な働きかけはますます重要になってきている。本省の発信する外交政策広報を海外の現地で実施するため、講演会やメディアへの出演、現地の新聞への寄稿などを企画・実施したり、自国の文化や社会事情などを紹介したりして、自国に対する好意的な世論や国民感情の醸成に努めることは、大使館の重要な任務である。最近ではＩＴを使った広報も発達してきたが、やはり現地ベースでの地道な広報活動の重要性が減じることはない。

また、海外で暮らす日本人や海外旅行に出かける日本人は多数にのぼり、旅行中にパスポートを紛失したというケースから、事故・犯罪・テロ事件などに巻き込まれたというケースに至るまで、様々なトラブルは後を絶たない。あらゆる事態に応じて、海外における日本国民の生命・財産を守り、その権利を擁護すること（邦人保護と呼ばれる）は、大使館と総領事館の重要な任務である。日

図表8－4　わが国と主要国との在外公館数の比較

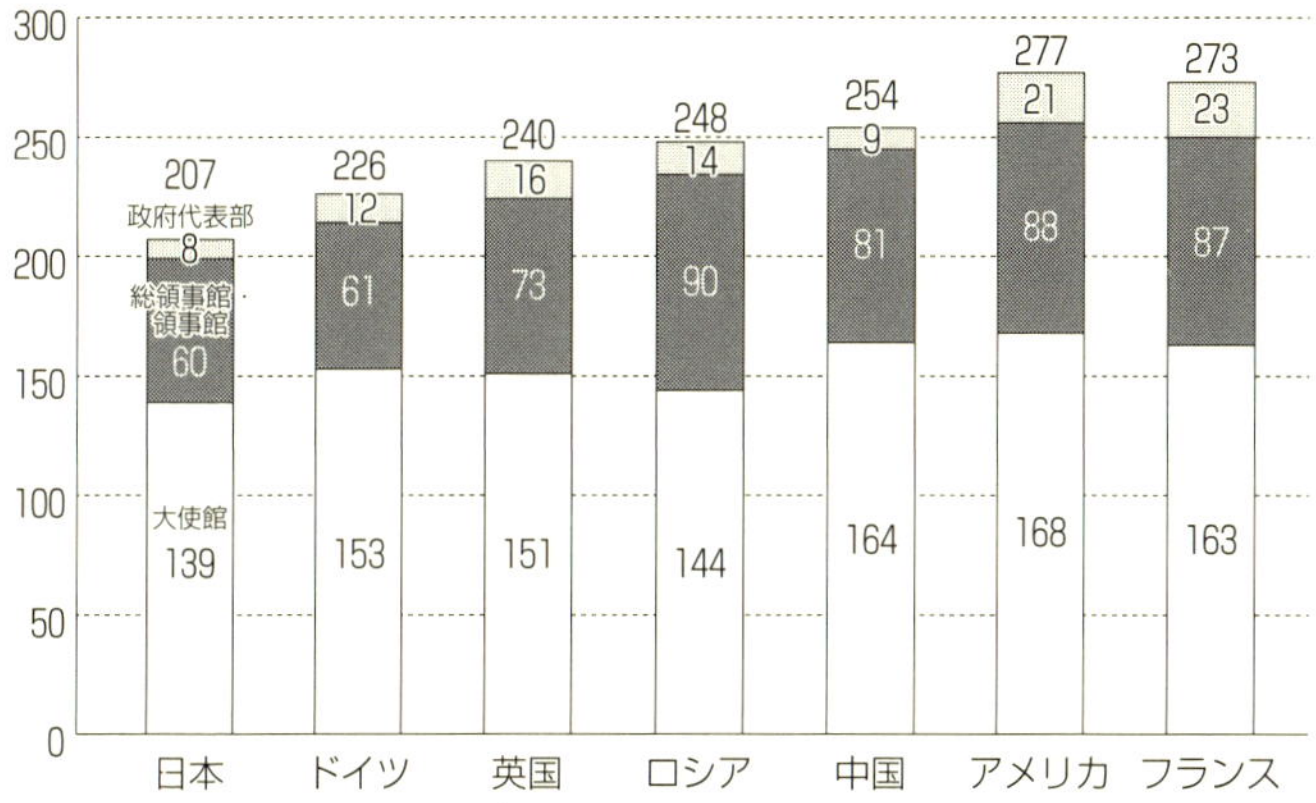

注1）主要国は平成26年1月1日現在時点のもの。
注2）日本の数値は平成27年1月予定。

〔出典〕外務省資料より

図表8－5　わが国と主要国外務省との職員数比較

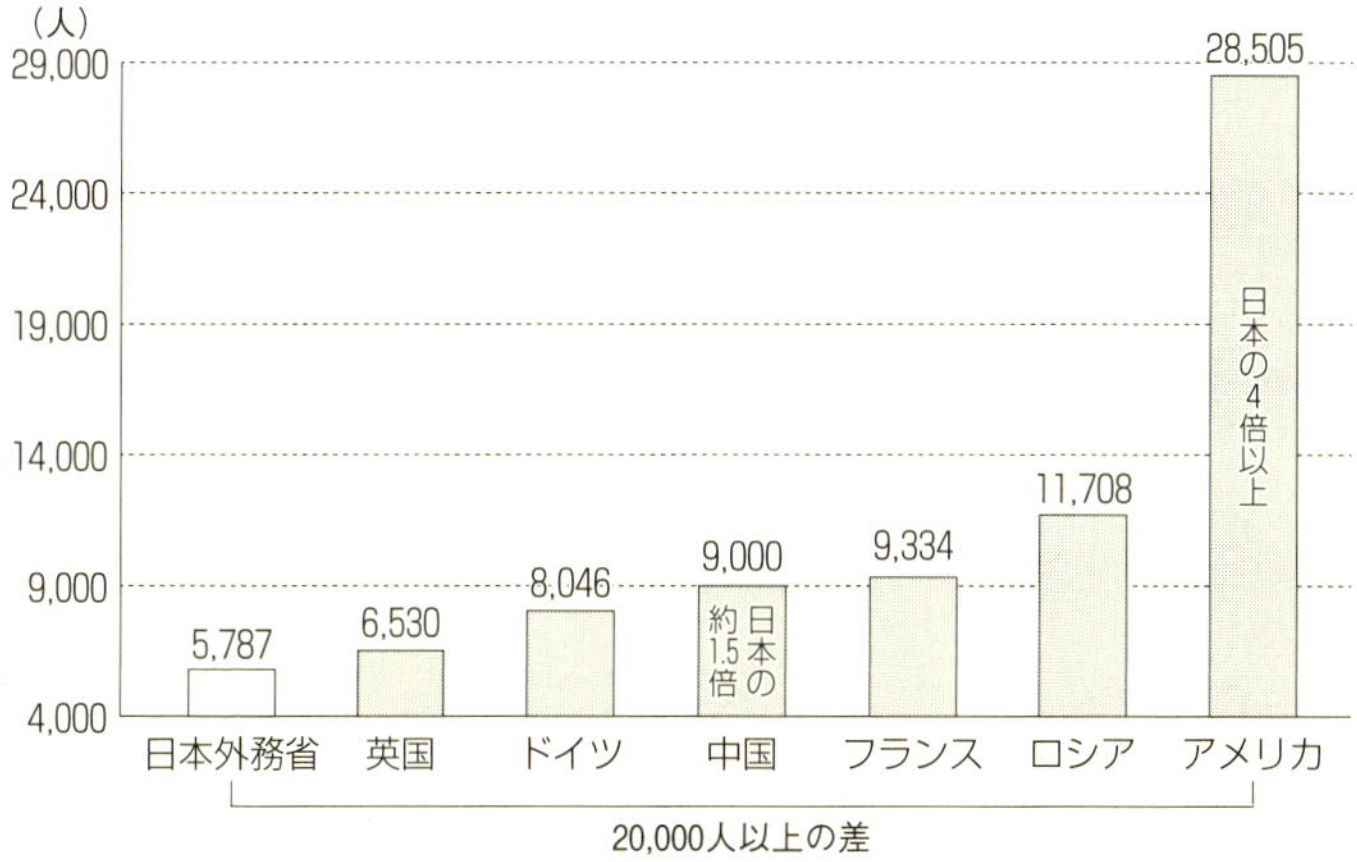

※平成25年度の調査結果に基づくもの

〔出典〕外務省資料より

常的には、現地に在留する日本国民に関する行政事務（身分関係に関する事務や証明、旅券の発給、在外選挙に関する事務等）のほか、日本を訪れたいという任国国民に対する入国査証の発給などの業務もある。

以上のような業務に対応して、大使館には政務班、経済班、広報文化班、領事班などが設置され、それぞれの担当の分野に関わる業務を分担して遂行している。これらの班は、規模の大きい大使館では、業務量に応じて細分化されることもある（例えば、政務班が内政班と外政班に分かれるなど）。このほかに、館務全体の総括・調整を行う総務班や、会計、通信などを担当する班が設置されている。大方の大使館の基本的組織は大体そのようになっている。

大使館の規模は、相手国の重要性や二国間関係の緊密度などに応じて大小様々である。日本の在外公館で最も規模が大きいのは、ワシントンの在米大使館で、一〇〇人以上の外交官が配置されている。逆に最も小さいのは、アフリカの一部の国に置かれた大使館で、大使を含めて一〇人以下というところもある。総領事館の場合も、大半は一〇人以下の規模である。こうした小規模の在外公館では、一人で複数の班を兼務するということも稀ではない。

このような日本の在外公館の数を他の主要国と比べると図表8－4のとおりであり、アメリカやフランスの四分の三程度でしかない。

なお日本の外務省の規模も、他の主要国と比べて、きわめて小さい。図表8－5が示すように、アメリカ国務省の職員数は二八、五〇五人であり、日本の外務省の職員数五、七八七人の四倍以上である。中国やフランスの外務省も、日本の一・五倍以上の職員を擁している。

第9章　外交官

外交は、国家の存在を前提にして成り立っているが、その国家間の交渉・交流や関係は、例えば「アメリカは、TPP交渉において日本の要求を拒否した」などと言われるように、しばしば擬人化されて表現される。あたかも国が人であるかのように喩えられるのであるが、実際、外交関係において国家を代表する政府は、外交に関する権限を持った人の集まりであり、現場で外交の実務を担う外交官も人である。

❖ 職業外交官

一般に外交官と呼ばれているのは、職業外交官のことである。第**2**章において明らかにしたとおり、外交交渉や国際会議に国家を代表して参加するのは、こうした職業外交官だけではなく、政府の首脳である大統領や首相、外務大臣などの政治家も、広い意味での外交官、あるいは外政家として、外交における重要な役割を果たす。むしろこうした外政家は、民主主義国では選挙によって主権者たる国民の負託を受けた正統な国民の代表として、国家の外交の最高責任者とされる。

これに対して、職業外交官は、こうした外政家の指導の下で、外交のプロとして外政家を支えながら、自らもその権限や役割に応じて外交の実務を担う。宮廷外交の時代と異なり、今日ではどこの国でも国家公務員の一種であり、外務省の職員として働いている。本省で勤務する場合は、財務省や経済産業省に勤務する職員と同じような普通の国家公務員であるが、海外に派遣され在外公館の館員として勤務する場合は、外交官ないし領事官（両者は厳密には区別されるが、一般には混同して扱われることが多い）として、特殊な立場に置かれる。なお、もともと外務省の職員ではない他省庁の職員であっても、外務省に出向し、大使館員（外交官）として派遣されるケースもある（そのような他省庁出身の大使館員は、アタッシェと呼ばれる）。

外交官と領事官には、外交関係に関するウィーン条約および領事関係に関するウィーン条約によって、国際法上、特別の権利や義務の免除が認められている。例えば、外交官の身体・個人的住居・書類・通信・財産は不可侵とされ、外交官は派遣されて駐在している国（この文脈では接受国と呼ばれる）において抑留されたり拘禁されたりすることはない。また外交官は、接受国の刑事裁判権から免除され、一部の場合を除き、民事裁判権および行政裁判権からも免除される。さらに、一部の場合を除き、人、動産または不動産に関し、国または地方公共団体のすべての賦課金および租税を免除される。これらの特権や免除は外交官の家族にまで及ぶ。こうした特権や免除が認められているのは外交官個人に利益を与えるためではなく、国を代表する外交使節としての任務の能率的な遂行を確保するためとされる。それをすべての国家がお互いの外交使節に認め合うことによって、外交関係を円滑に営むことができる体制が確保されているのである。

こうした外交官は、上述のような大使館の業務を、それぞれの立場に応じて分掌する。日本大使館における官職としては、公使、参事官、一等書記官、二等書記官、三等書記官、理事官、副理事官などがあるが、これらの官職名は、大使館の内部においてと、外部（接受国政府・外務省や他国の大使館など）との関係において、序列を明確にするため位階（ランク）を示しているもので、職務の内容とは関連していない。職務の内容は、上述の大使館内の組織（政務班、経済班、広報文化班、領事班、総務班、会計班、通信班など）のどこに所属しているかによって異なる。

例えば、政務班や経済班に所属する館員の場合は、内政・外政や経済に関する情報収集と分析、その分野における任国政府関係者との接触・交渉が主な仕事になる。広報文化班に所属する館員の場合は、パブリック・ディプロマシーの活動が仕事の大半を占める。領事班に所属する館員の場合は、邦人保護という自国国民向けのサービスが仕事の中心になる。総務班、会計班、通信班などに所属する館員は、大使館内の内部調整や事務連絡の仕事に主に従事している。

❖ 大使

こうした組織のトップ、大使館の館長として大使館の指揮をとるとともに、自ら率先して大使館の職務を遂行するのが大使である。大使は、任国政府のトップレベルの指導者や高官に直接接触し、自国政府の主張や見解を伝達する。任国のトップレベルの有力者や関係者と幅広く交際し、そうした人脈を駆使して、大使というハイレベルの立場からしか得られないような先方ハイレベルの情報を収集する。また、大使館の顔として、講演やメディアへの出演などを積極的に行って、任国の国民にも直接働きかけ、自国に対する好意的な世論や国民感情の醸成に努める。そうした活動を通じ、

図表9－1　特命全権大使の信任状（モデル）

陛下（または閣下）

日本国政府は、日本国と○○国との間に存在する友好親善関係の維持増進を希望し、○○○○を陛下（閣下）のもとに駐箚する日本国の特命全権大使として選任した。

ここに日本国憲法の規定に従い、本書をもってこれを認証する。

同人は、人格高潔、職務に忠実にして才幹を有し、よくその大任を全うして陛下（閣下）の期待と信頼に応えるものと確信する。同人が日本国の名において陛下（閣下）に言上する際は、これに全幅の信用を賜るよう要請する。

この機会に、陛下（閣下）の幸福と貴国の繁栄とを祈念する。

○○年○月○日　東京皇居において

御名御璽

内閣総理大臣（副署）

外務大臣（副署）

任国の事情に最も通じた立場から、本省や本国政府に対し、外交政策についての意見具申を行うことも、大使の重要な役割である。

大使（正式には、特命全権大使）は、自国の元首から任国の元首に対して、自国の元首の正式な代理人として派遣され、任国（政府）に対して自国（政府）を正式に代表する。このため、大使は自国の元首から任国の元首に宛てられた紹介状（信任状と呼ばれる）を赴任にあたって持参し、任国の元首に捧呈する。それが受理されたところで、特命全権大使としての職務が正式に開始される。

信任状は、日本の場合は、天皇の名において発出され、その内容はおおむね図表9－1のようなものである（矢田部〔二〇〇二〕）。

大使館には、こうした大使を補佐し、場合によっては代理の役を務める立場として次席の公使、館務を事務的に統括する総括の参事官（小規模の大使館では両者は兼務）が配置されることが多い。その下に、総務班、政務班、経済班、広報文化班、領事班、会計班、通信班などが置かれていることは、前章で説明したとおりである。

❖ 外交官の仕事

それでは、外交官は日常、どのような仕事をどのように行っているのであろうか。すでに述べたように、大使館の中のそれぞれの立場や役割に応じて一様ではないが、あえて標準的な外交官の仕事ぶりを叙述すると、次のようになる。

大使館に勤める外交官は、もし賢明であれば、午前中の仕事として、まず前日の出来事や関係者との会談の内容を備忘録として記録する。それから丹念に任地の新聞やインターネット上の情報に目を通し、前夜からチェックしていたテレビ・ラジオのニュースなども含め、特定の記事の意義について、広報担当などの関係館員と協議する。そのころにはすでに通信班によって秘匿解除された暗号電報（公電）が、館員の机上にある専用ＰＣの端末で閲覧できるようになっている。これらの公電は、訓令を含んでいるかもしれないし、あるいは情報収集と意見具申を求めているかもしれない。外交官はこれら公電に対する回答を起草し、もし必要とあらば任国政府の高官や関係者とアポイントメントを取る。その他の公文書や手紙は、通信班の手によって記録帳に載せられたうえで、内容に応じてそれぞれの担当官のところに配送され、処理される。これに対して何をすべきかについては担当官の意見が徴され、重要なものは大使まで上げて検討される。その間、任国政府の高官、政財界の要人、ジャーナリストから在留の同胞、出張で来訪した自国の要人に至るまで様々な人々との面談や電話等での相談をこなさなければならない。また、外交官は任国の政府要人や担当者と面談し、大使館に戻るとすぐ、まだ記憶の新しいうちに自国政府に報告を書かなければならない。それまでにはさらに多くの公電が到着しており、さらに多くの公文書を読むか、または書かなければならない。大使館には規則的な時間も週末もない。平穏無事のときには休養時間があるかもしれないが、危機に際しては、大使館一同昼夜兼行で仕事をする。

外交官の社交的活動もまた重要である。外交官は、頻繁にもてなし、任国政府の高官、政財界の要人、有力者などを絶えず公式・非公式の夕食会や昼食会に招くことが期待される。かれは、任国の著名なまたは有力な人物と親しくし、任地の産業、美術、スポーツ、文学に活発な興味を示し、地方を訪れ、社会経済情勢に精通し、そして自分と同じく国外にある自国民と絶えず親しく接触することが要求される。

実はこれは、イギリスの外交官ハロルド・ニコルソンが一九三九年に著した『外交』のなかで、当時のイギリスの大使の生活の典型的な一日を描いた文章を、現代風に書き直したものである。修正を施したのは、当時と比べ格段に発達した通信の方法などに関する記述を現代風に修正したこと、今日では行われなくなった古い慣行に関する記述を削除ないし修正したこと、大使ではなく一般的な外交官に関する記述としたこと、外交に関する用語を本書の表現に合わせて手直ししたことくらいで、基本的な内容はほぼ同じままである。

これは、驚くほど、今日の日本の外交官の標準的な生活や仕事ぶりと一致している。七〇年以上前のイギリスの外交官の生活や仕事ぶりに関する叙述が、今日においても基本的にそのまま当てはまるばかりか、英国の外交官であるか日本の外交官であるかを問わず、外交官の仕事の本質は基本的に同じであることが窺われる。

なお、こうして海外では特別な地位にある外交官も、本国に戻ればただの国家公務員である。本省における職員（外務事務官と呼ばれる）として、配属になった部局において、担当となった職務を分掌して遂行する。外交官の人生は、こうした国内勤務と海外勤務を何年おきかで交互に繰り返すこととなる。

本省におけるポストとしては、事務次官、外務審議官、各局の局長、審議官、参事官、課長、企画官、首席事務官、課長補佐などがある。その上に、政務三役と呼ばれる外務大臣、外務副大臣、外務大臣政務官がおり、外務省全体を統括している。

日本の職業外交官は、外務省職員として、主に国家公務員総合職試験と外務省専門職試験によって、毎年六〇～七〇名程度が採用されている。

したがって、日本の外交官になるためにはこうした試験に合格しなければならないが、合格しただけではいい外交官になれるとは限らない。本書で紹介したような外交の仕事をきちんと成し遂げることのできる知力と気力を持ち合わせていなければ、外交官は務まらない。外交力の基本である情報収集能力や交渉力・説得力を持つには語学力（英語を始めとする世界各国の言語）が不可欠なのはもちろん、世界各国・各地域の多様な文化と社会に対する洞察力や国際政治と経済に関する知識も欠かせない。そうした多様な世界の中で、自国の文化・社会の価値観や政治・経済の状況をしっかり認識し、発信していく能力も必要である。

しかし、そうした能力よりもっと大事なのは、人間としての資質である。ニコルソンは、その著書『外交』のなかで、「理想的な外交官」の持つ資質として、「誠実」、「正確」、「平静」、「よい機嫌」、「忍耐」、「謙虚」、「忠誠」という七つの美徳を挙げている（ニコルソン〔一九六八〕）。一方、一八世紀のフランスの外交官カリエールは、「勤勉な精神」、「正しい判断力」、「洞察力」、「機略縦横の才」、「沈着」、「忍耐」、「おだやか」、「ていねい」、「気どらない」、「自制心」、「見栄を張らない」、「気品」、「高雅さ」、「威厳」などが立派な交渉家（外交官のこと）に必要な資質であると書いている（カリエール〔一九七八〕）。

こうした記述は、現在の日本の外務省が求める人材像として、外務省のホームページの採用欄に掲げられている「求められるのは、国のために尽くす情熱と使命感。それを支える知性。人間としてのタフさと誠実さ。更には、あくなき向上心」という記述と、一脈相通ずるところがある。外交官に必要な資質は、古今東西、変わらないということかもしれない。

▼参考文献　より深く知りたい人のために

矢田部厚彦『職業としての外交官』文藝春秋（文春新書）〔二〇〇二年〕
河東哲夫『外交官の仕事』草思社〔二〇〇五年〕
柳淳『外交入門——国際社会の作法と思考』時事通信社〔二〇一四年〕

▽引用文献

H・ニコルソン／斎藤眞・深谷満雄（訳）『外交』東京大学出版会（UP選書）〔一九六八年〕
カリエール／坂野正高（訳）『外交談判法』岩波書店（岩波新書）〔一九七八年〕

［巻末資料］　戦後日本外交の基本原則・理念を表明したテキスト（抜粋）

＊戦後の日本外交において、基本原則や理念を表明したテキストは多数あるが、そのうち主なものを、敢えて原文のまま（ただし重要部分のみ抜粋して）次に掲げる。

1　日本国憲法（一九四七年五月三日施行）

（前文）日本国民は、正当に選挙された国会における代表者を通じて行動し、われらとわれらの子孫のために、諸国民との協和による成果と、わが国全土にわたつて自由のもたらす恵沢を確保し、政府の行為によって再び戦争の惨禍が起ることのないようにすることを決意し、ここに主権が国民に存することを宣言し、この憲法を確定する。〈略〉

日本国民は、恒久の平和を念願し、人間相互の関係を支配する崇高な理想を深く自覚するのであつて、平和を愛する諸国民の公正と信義に信頼して、われらの安全と生存を保持しようと決意した。われらは、平和を維持し、専制と隷従、圧迫と偏狭を地上から永遠に除去しようと努めている国際社会において、名誉ある地位を占めたいと思う。われらは、全世界の国民が、ひとしく恐怖と欠乏から免かれ、平和のうちに生存する権利を有することを確認する。

われらは、いずれの国家も、自国のことのみに専念して他国を無視してはならないのであつて、政治道徳の法則は、普遍的なものであり、この法則に従うことは、自国の主権を維持し、他国と対等関係に立とうとする各国の責務であると信ずる。〈略〉

（第九条）日本国民は、正義と秩序を基調とする国際平和を誠実に希求し、国権の発動たる戦争と、武力による威嚇又は武力の行使は、国際紛争を解決する手段としては、永久にこれを放棄する。

前項の目的を達するため、陸海空軍その他の戦力は、これを保持しない。国の交戦権は、これを認めない。

2 日米安全保障条約（一九六〇年六月二三日発効）

（前文）日本国及びアメリカ合衆国は、

両国の間に伝統的に存在する平和及び友好の関係を強化し、並びに民主主義の諸原則、個人の自由及び法の支配を擁護することを希望し、

また、両国の間の一層緊密な経済的協力を促進し、並びにそれぞれの国における経済的安定及び福祉の条件を助長することを希望し、

国際連合憲章の目的及び原則に対する信念並びにすべての国民及びすべての政府とともに平和のうちに生きようとする願望を再確認し、

両国が国際連合憲章に定める個別的又は集団的自衛の固有の権利を有していることを確認し、

両国が極東における国際の平和及び安全の維持に共通の関心を有することを考慮し、

相互協力及び安全保障条約を締結することを決意し、

〈略〉

（第五条）各締約国は、日本国の施政の下にある領域における、いずれか一方に対する武力攻撃が自国の平和及び安全を危うくするものであることを認め、自国の憲法上の規定及び手続に従って共通の危険に対処するように行動することを宣言する。

3 外交三原則（一九五七年九月に発刊された「わが外交の近況」（外交青書）第一号に掲載）

わが国の国是が自由と正義に基く平和の確立と維持にあり、これがまたわが国外交の根本目標であることは今さら言うをまたない。

この根本目標にしたがい、今や世界の列国に伍するわが国は、その新らたな発言権をもつて、世界平和確保のため積極的な努力を傾けようとするものであるが、このような外交活動の基調をなすものは、「国際連合中心」、「自由主義諸国との協調」および「アジアの一員としての立場の堅持」の三大原則である。

国際連合は、その憲章にも明かな通り、国際の平和および安全を維持し、国際紛争の平和的かつ正義に基く解決を実現し、諸国間の友好関係発展と世界平和強

化のための措置を講じ、また経済・社会・文化・人道各般の面における国際問題解決について国際協力を達成するため、これらの目的を同じくする諸国が平等の原則に基いて相集い、この共通の目的に向って努力を結集するに当つての中心となる国際機構である。国際連合のこの目的が、またわが国の等しく希求するところのものであることはいうまでもない。その故にこそわが国は、つとに国際連合加盟を希望し、加盟実現前においても、あらゆる可能な協力を行って来たのである。しかし、ついに宿願であつた加盟の実現を見た今日、わが国にとつての国際連合の意義は単にこれのみにはとどまらない。国際連合が全世界の国々の話し合いの場として、国際間の友好親善協力関係の発展と福祉の増進に寄与し、さらに現在の国際関係に内包されている戦争の危険を阻止する有効な手段となっていることは万人の等しく認めるところであって、今やその正式加盟国となってわが国は、この国際連合の原則を高揚し、その活動を強化し、もつて国際連合がその使命の達成にさらに前進するよう努力を払ってきた。

しかし、国際連合がその崇高な目標にもかかわらず、その所期の目的を十分に果すに至っていないことは、国際政治の現実として遺憾ながらこれを認めざるを得ない。このような際に、わが国としては、一方において国際連合の理想を追求しつつも、他方において、わが国の安全を確保し、ひいては世界平和の維持に貢献するための現実的な措置として、自由民主諸国との協調を強化してきた。

すでに述べた通り、現下の国際情勢が不安定ながら一応長期的な平和の時期を迎えているのは、自由民主諸国が共産諸国に対してよく結束を保っている結果であって、この結束が乱れるようなことがあれば、世界戦争の危険もないとはいえない。世界の自由民主諸国はよくこの事態を認識して、着々と団結を固めつつあり、等しく自由民主主義を国是とするわが国としては、その団結の一翼を担う責務を有するものである。

さらにわが国は、その外交活動を進めるに当って、アジアの一員として、アジアと共に進む立場を取っている。わが国にとり、世界平和の確立に最も重要な条件は、アジア地域における平和を確保することである。それには、アジアの平和をおびやかす要素を除去するとともに内部における社会的不安を一掃することが必要であり、そのためには友好国が協力してアジアに繁栄を実現しなければならない。この目的に進むために、わが国はできる限りの貢献をなす方針であり、まずアジア内においては、アジアの共鳴と信頼を得るに足るアジアの一員としての立場を堅持し、アジア諸国の共同性を高めることに努めるとともに、アジア外に対しては、アジア問題の公正な発言者としての役割を果すことにより、国際社会におけるアジアの地位の向上と発言権の確保に努めてきた。

4 福田ドクトリン（一九七七年八月一八日にマニラで行われた福田赳夫内閣総理大臣の演説）

日本と東南アジア諸国との関係は、単に、物質的な相互利益に基づくものにとどまってはなりません。同じアジアの一員としてお互いに助けあい、補いあうことを心から望む気持があってはじめて物質的、経済的な関係も生きて来るものと考えます。これこそ、日本と東南アジアの人々が、頭だけではなく、心をもつて理解し合うことの必要性、すなわち、「心と心のふれ合い」の必要を、私が、今回の歴訪を通じ、繰返し訴えて来た所以であります。同じアジア人である皆様には、私の意味するところはよくお判りいただけることと信じます。物質的充足のみでは慊たらず、精神的な豊かさを求めるのは、アジアの伝統であり、アジア人の心だからであります。〈略〉

私は、今回のＡＳＥＡＮ諸国およびビルマの政府首脳との実り多い会談において、以上のような東南アジアに対するわが国の姿勢を明らかにして参りました。このわが国の姿勢が、各国首脳の十分な理解と賛同をえたことは、今回の歴訪の大きな収穫でありました。その要点は、次のとおりであります。

第一に、わが国は、平和に徹し軍事大国にはならないことを決意しており、そのような立場から、東南アジアひいては世界の平和と繁栄に貢献する。

第二に、わが国は、東南アジアの国々との間に、政治、経済のみならず社会、文化等、広範な分野において、真の友人として心と心のふれ合う相互信頼関係を築きあげる。

第三に、わが国は、「対等な協力者」の立場に立って、ＡＳＥＡＮ及びその加盟国の連帯と強靱性強化の自主的努力に対し、志を同じくする他の域外諸国とともに積極的に協力し、また、インドシナ諸国との間には相互理解に基づく関係の醸成をはかり、もつて東南アジア全域にわたる平和と繁栄の構築に寄与する。

私は、今後以上の三項目を、東南アジアに対するわが国の政策の柱に据え、これを力強く実行してゆく所存であります。そして、東南アジア全域に相互理解と信頼に基づく新しい協力の枠組が定着するよう努め、この地域の諸国とともに平和と繁栄を頒ち合いながら、相携えて、世界人類の幸福に貢献して行きたいと念願するものであります。

5 国際協力構想（一九八八年五月四日にロンドンで行われた竹下登内閣総理大臣の演説）

私は、総理就任以来、我が内閣の最大目標として、「世界に貢献する日本」の建設を掲げてまいりました。先進民主主義の主要な一員たる我が国にとって、世界の平和を守り、国際社会の繁栄を確保するため、その増大した国力に相応しい役割を積極的に果たすことは当然の責任であると信ずるからであります。

このような信念に基づき、私は、次の三つの柱から成る日本の「国際協力構想」を、この場をお借りして、世界に明らかにしたいと思います。

第一は、平和のための協力強化であります。我が国は平和を国是としており、憲法上も、軍事面の協力を行いえないことはご承知のところであります。しかし、我が国が世界の平和について拱手傍観すべきでないことは申すまでもありません。私は、我が国としては、政治的及び道義的見地から、なしうる限りの協力を行うべきであると考えており、紛争解決のための外交努力への積極的参加、要員の派遣、資金協力等を含む、新たな「平和のための協力」の構想を確立し、国際平和の維持強化への貢献を高めてまいります。

第二は、国際文化交流の強化であります。我が国が世界の人々の日本に対する関心に応え、また自らの国際化を推進するためには、多様な文化の積極的な交流活動に力を注がなければなりません。同時に我が国は、世界的な文化遺跡の保存及び文化の振興のため、適当な国際機関に協力して、積極的貢献を行うべきであると考えております。

第三は、我が国の政府開発援助（ＯＤＡ）の拡充強化であります。政府開発援助は、我が国の国際的貢献の面で最も期待されているものであります。我が国はこれまで三度にわたりＯＤＡ拡充のための中期目標を掲げ、開発途上国に対する支援の強化につとめてきておりますが、私は、今後とも、その量、質両面における改善をはかり、より積極的な貢献を行っていく所存であります。

6 日米安全保障共同宣言（一九九六年四月一七日に東京で行われた日米首脳会議において橋本龍太郎内閣総理大臣とクリントン米大統領が発表）

本日、総理大臣と大統領は、歴史上最も成功している二国間関係の一つである日米関係を祝した。両首脳は、この関係が世界の平和と地域の安定並びに繁栄に深甚かつ積極的な貢献を行ってきたことを誇りとした。日本と米国との間の堅固な同盟関係は、冷戦の期間中、アジア太平洋地域の平和と安全の確保に役立った。我々の同盟関係は、この地域の力強い経済成長の土台であり続ける。両首脳は、日米両国の将来の安全と繁栄がアジア太平洋地域の将来と密接に結びついていることで意見が一致した。〈略〉

〈略〉総理大臣と大統領は、日本と米国との間の同盟関係が持つ重要な価値を再確認した。両者は、「日本国とアメリカ合衆国との間の相互協力及び安全保障条約」を基盤とする両国間の安全保障面の関係が、共通の安全保障上の目標を達成するとともに、二一世紀に向けてアジア太平洋地域において安定的で繁栄した情勢を維持するための基礎であり続けることを再確認した。

7 戦後五〇年にあたっての村山内閣総理大臣の談話（一九九五年八月一五日）

いま、戦後五十周年の節目に当たり、われわれが銘記すべきことは、来し方を訪ねて歴史の教訓に学び、未来を望んで、人類社会の平和と繁栄への道を誤らないことであります。

わが国は、遠くない過去の一時期、国策を誤り、戦争への道を歩んで国民を存亡の危機に陥れ、植民地支配と侵略によって、多くの国々、とりわけアジア諸国の人々に対して多大の損害と苦痛を与えました。私は、未来に過ち無からしめんとするが故に、疑うべくもないこの歴史の事実を謙虚に受け止め、ここにあらためて痛切な反省の意を表し、心からのお詫びの気持ちを表明いたします。また、この歴史がもたらした内外すべての犠牲者に深い哀悼の念を捧げます。

敗戦の日から五十周年を迎えた今日、わが国は、深い反省に立ち、独善的なナショナリズムを排し、責任ある国際社会の一員として国際協調を促進し、それを通じて、平和の理念と民主主義とを押し広めていかなければなりません。同時に、わが国は、唯一の被爆国としての体験を踏まえて、核兵器の究極の廃絶を目指し、核不拡散体制の強化など、国際的な軍縮を積極的に推進していくことが肝要であります。これこそ、過去に対するつぐないとなり、犠牲となられた方々の御霊を鎮めるゆえんとなると、私は信じております。

〔出典〕東京大学東洋文化研究所田中明彦研究室データベース「世界と日本」(ただし、現代表記に改めた)

あとがき

本書を通じて明らかにしたのは、秘密のヴェールに包まれているように見える外交の世界が、実はそれほど世の常識から逸脱した不思議の世界ではないということだ。

約三〇年間にわたって外務省で働き、外交官として数々の現場を体験してきた筆者の実感としても、外交の世界は、特別に奇異な世界とは思われなかった。かつての宮廷外交の時代とは異なり、外交官は今や普通の国家公務員の一種であり、その行動様式は、国家の行政機構の一端を担う行政官として、外務省以外の国内省庁に勤務する公務員と、それほど大きな違いがあるわけではない。

しかし、外交には、対外的に国家や政府を代表するという機能があることからして、それなりの特殊性と専門性が認められる。そうした外交の世界では、冷徹な国家理性が働き、それに伴い独特の論理や思考回路が必要とされる。

国益やパワーといった要因に左右される国家間の外交関係は、巨大な歯車と歯車の関係に似ている。途方もなく大きな力が絡み合い、国家という巨大な歯車がギシギシと音を立てて回っている中で、個人としての外交官の果たす役割は、歯車と歯車の間の潤滑油のようなものだ。そうした潤滑油の役割を可能とする知恵が、外交という営みの本質なのだと思う。

このような外交の知恵に関しては、国際関係論・国際政治学の理論や外交関係の実証研究によって、すでに多くのことが語られている。本書では、そうした大所高所からの議論を補う、ささやかな実務的な見地からの外交論として、外交の何たるかを論じてきた。外交政策や外交関係を考えるにあたっての前提として、あるいは基礎知識として活用されれば、というのが筆者の願いである。

なお、本書の内容は、筆者が東京外国語大学で開講している「外交入門」の講義内容がベースになっている。外交官を志望する学生にとってだけでなく、広く国際関係に携わりたいという人々にとっても、このような基礎知識は、有益な手立てとなるだろう。

そう考えて頂いた、法律文化社の秋山泰氏のイニシアティブとご配慮によって、本書は実現した。ここに記して感謝したい。

二〇一五年一月

山田文比古

■著者紹介

山田文比古（やまだ・ふみひこ）

東京外国語大学教授

1954年福岡県生まれ。

1980年京都大学法学部卒業後、外務省入省。

1981年フランス国立行政学院（ENA）留学。

1983年在フランス大使館三等（のち二等）書記官。

1985年外務省経済局国際経済第一課事務官、1988年アジア局南東アジア第二課課長補佐、1989年大臣官房儀典官室首席事務官、1990年北米局北米第一課兼中近東タスクフォース課長補佐、1991年文化交流部文化第一課首席事務官。

1992年在ブラジル大使館一等書記官。1994年在ベルギー大使館参事官。

1997年外務省北米局北米第一課兼日米安全保障条約課企画官。

同年沖縄県知事公室出向。1999年沖縄県サミット推進事務局長。

2000年外務省欧州局西欧第一課長。

2003年在フランス大使館広報文化担当公使。

2008年東京外国語大学教授。2012年外務省退官。

〔著書〕

『フランスの外交力――自主独立の伝統と戦略』（集英社新書、2005年）

『オール沖縄 VS. ヤマト――政治指導者10人の証言』（青灯社、2014年）

『ヨーロッパの政治経済・入門』共著（有斐閣、2012年）

Horitsu Bunka Sha

外交とは何か
──パワーか？／知恵か？

2015年4月15日　初版第1刷発行

著　者　山《やま》田《だ》文《ふみ》比《ひ》古《こ》

発行者　田　靡　純　子

発行所　株式会社 法律文化社

〒603-8053
京都市北区上賀茂岩ヶ垣内町71
電話 075(791)7131　FAX 075(721)8400
http://www.hou-bun.com/

＊乱丁など不良本がありましたら、ご連絡ください。
お取り替えいたします。

印刷：共同印刷工業㈱／製本：新生製本㈱
装幀：奥野　章

ISBN978-4-589-03668-1

安藤次男著

現代アメリカ政治外交史

A5判・二一〇頁・二四〇〇円

「対外的な帝国主義化と国内的な民主化の同時存在」はいかに形成されたのか。国際社会の変化に大きな影響を与え続けるアメリカ政治の特質を、歴史的なプロセスをふまえつつ、外交と内政の両面から精確に分析する。

初瀬龍平編著

国際関係論入門

—思考の作法—

A5判・三三〇頁・二七〇〇円

現代の国際関係を考える基本的視座や視点、概念を丁寧に解説した初学者むけテキスト。国家の利益や安全保障ではなく人間の生命と安全を重視し、その実現のために必要な知識と〈思考の作法〉を細やかに提示する。

三上貴教編

映画で学ぶ国際関係

A5判・二一四頁・二〇〇〇円

名作、話題作、異色の作品48本を厳選し、国際関係の歴史、地域、争点をカバー。あらすじ、学習する際のヒント、関連作品紹介や補足説明など各四頁の読み切りで解説。鋭い問題意識を養うために、まずここからスタート！

佐道明広・古川浩司・小坂田裕子・小山佳枝共編著

資料で学ぶ国際関係〔第2版〕

A5判・二五〇頁・二九〇〇円

西欧国際体系の成立からウクライナ危機に至る国際関係の歴史と仕組みを学ぶうえで必須の資料を所収。各章の冒頭に解題を付して歴史的事象の全体像を解説。歴史編の資料を厳選し、最近の国際情勢をアップデートする。

デヴィッド・ヘルド編／中谷義和監訳

グローバル化とは何か

—文化・経済・政治—

A5判・二一八頁・二四〇〇円

グローバル化を社会科学として概念化した最良の入門書。グローバル化のインパクトが何をどう変えてきたのかについて、様々な現象の実証的分析と諸理論の批判的検討を行い、グローバル化の理論的提起を試みる。

法律文化社

表示価格は本体(税別)価格です